AtV

Regine Hildebrandt war promovierte Biologin, engagierte sich in der DDR in der Bürgerbewegung Demokratie Jetzt, trat im Oktober 1989 in die SPD ein und übernahm 1990 unter der Regierung Lothar de Maizière das Ministerium für Arbeit und Soziales, bevor sie als brandenburgische Sozialministerin, ein Amt, das sie elf Jahre, bis zu ihrem Tod, innehatte, zur prominentesten Landespolitikerin Ostdeutschlands avancierte. Wortgewaltig und ohne falsche Rücksichtnahme stritt sie für die Interessen derer, die mit der Wende zu Verlierern wurden, und setzte sich – mit manchmal eigenwilligen und nicht unumstrittenen Methoden, doch immer vorbehaltlos – für den Erhalt von Arbeitsplätzen, eine vernünftige Gesundheits- und Frauenpolitik ein. Als sie an Krebs erkrankte und diesem Leiden schließlich erlag, löste ihr Tod eine Welle der Anteilnahme bei tausenden Menschen im ganzen Land aus, die ihr in bewegenden Kondolenzschreiben für ihren Einsatz dankten.

Die Journalistin Kathrin Finke, geboren 1970, ist Regine Hildebrandt in ihrem hektischen Ministerinnenalltag bei Interviews und Veranstaltungen immer wieder begegnet, sie zeichnet ein von sehr persönlichen Eindrücken geprägtes Porträt und schildert das unumschränkte Engagement und die Herzlichkeit der Politikerin. Illustriert werden diese Erinnerungen von Rainer Karchniwys Fotos, dem es als persönlichem Fahrer und Vertrauten Regine Hildebrandts möglich war, in nahezu jeder »Lebenslage« Aufnahmen von ihr zu machen. Entstanden ist eine bewegende Hommage an eine der couragiertesten Politikerinnen dieses Landes.

Kathrin Finke
Rainer Karchniwy (Fotos)

»Erzählt mir doch nich, dasset nich jeht!«

Erinnerungen an Regine Hildebrandt

Aufbau Taschenbuch Verlag

Mit 75 Abbildungen

ISBN 3-7466-2001-5

1. Auflage 2003
Taschenbuchausgabe mit Genehmigung des
mdv Mitteldeutscher Verlag, Halle/Saale

Einbandgestaltung Torsten Lemme
unter Verwendung eines Fotos von Rainer Karchniwy
Druck und Binden Ebner&Spiegel, Ulm
Printed in Germany

www.aufbau-taschenbuch.de

Für die Rose unter den Politikern

Eine Rose blüht nicht nur in
Schlossgärten, sondern auch in
Schrebergärten.

Rainer Karchniwy

»Mach's gut, Kämpferherz!«

Ein Album zum Abschied

»Die Welt hat eine starke Frau verloren.«

»Für sie war Politik keine Lüge, sondern Leben mit viel Humor.«

»Mach's gut, Kämpferherz!«

Drei von Tausenden Trauer-Mails auf der Homepage www.reginehildebrandt.de, die Brandenburgs SPD einst für ihre Frontfrau einrichtete. Botschaften voller Respekt, Verehrung, ja Liebe, wie sie Politiker sonst selten bekommen, fanden sich dort im »Gästebuch« schon zu ihren Lebzeiten. Im virtuellen »Kondolenzbuch« schreiben sich bis heute Menschen aus der ganzen Republik und aus dem Ausland die Erschütterung über den Tod ihrer »Mutter Courage« vom Herzen.

Fünf lange Jahre hatte sie dem Krebs getrotzt, am 26. November 2001 verlor sie den Kampf. »Regine hat bis zuletzt gelebt«, sagt ein Parteifreund bewundernd. Statt still zu Hause zu leiden, wollte, musste sie weiter arbeiten. Weiter Brücken bauen zwischen Ost und West, den Kollegen Politikern weiter als »soziales Gewissen« auf den Geist gehen. Hartnäckig, wortgewaltig, widerspenstig. Sie hörte den Menschen zu, setzte sich für sie ein, las ihnen auch mal die Leviten. »Ihr müsst selber was tun!«, rief sie den Wende-Geschädigten mehr als einmal zu.

Aber sie setzte auch alles daran, die »aus dem Boot Gefallenen« wieder einzusammeln – in ihren knapp zehn Jahren als Arbeits- und Sozialministerin, erst in der letzten DDR-Regierung, dann in Brandenburg, aber auch nach ihrem Ausstieg aus der Landespolitik 1999. »Wenn ick alte Leute erlebe oder Langzeitarbeitslose oder jemanden, der zum Alkoholiker geworden ist durch diese Scheiß-Arbeitslosigkeit – also, da könnt' ick ja sofort loswetzen!«, erklärte sie mir einmal ihre schier unerschöpfliche Motivation zu helfen.

Im Forum Ostdeutschland der SPD stritt sie weiter für das Zusammenwachsen Deutschlands, konfrontierte auch den Kanzler mit unangenehmen Wahrheiten. »Erst ärgert man sich: Was will sie jetzt schon wieder? Ein paar Schritte weiter denkt man nach«, gestand Gerhard Schröder am 26. April 2001 in seiner Rede zum 60. Geburtstag der »Nervensäge« (O-Ton Hildebrandt). Wer bringt die Regierenden künftig zum Nachdenken?

Die »Stimme des Ostens«, die Stimme der Schwachen ist verstummt. Doch was sie sagte, hallt nach. Besonders bei denen, die sie persönlich kannten, die oft oder zumindest immer wieder mal mit Deutschlands beliebtester Politikerin zu tun hatten. Mitarbeiter, Parteifreunde, Journalisten, Kollegen – es gibt kaum jemanden, der nicht mit leuchtenden Augen und mit Wehmut in seinen Erinnerungen kramt, wenn das Gespräch auf sie kommt.

Weil wir die Erinnerung an diese ungewöhnliche Frau wachhalten wollen, haben wir einige dieser Erzählungen gesammelt. In Notizblöcken geblättert, die von ihren

Für Rainer Karchniwy mobilisiert sie alle Kräfte: Obwohl es ihr nach der Chemo-Therapie nicht besonders gut geht, lässt es sich Regine Hildebrandt nicht nehmen, die Ausstellung seiner Fotos zu eröffnen.

Gesprächen mit dem Berliner Kurier geblieben sind. Erlebnisse, Anekdoten, Bilder aufgestöbert.

Vor allem die Fotos in diesem Band erzählen viel über den Menschen Regine Hildebrandt. Sie stammen von Rainer Karchniwy, dem Mann, der sie rund 630000 Kilometer im Dienst-Audi durchs Land kutschierte. Rein rechnerisch verbrachten die beiden zwischen 1991 und 1999 mehr Zeit zusammen als mit ihren jeweiligen Ehepartnern ... Zum Glück verstanden sie sich trotzdem (oder deshalb?) »wie zwei linke Latschen«, weshalb Karchniwy auch in allen Lebenslagen Schnappschüsse von »seiner« Ministerin machen durfte. Meistens jedenfalls: Als er bei der Grundsteinlegung für das Behindertenwohnheim in Doberlug-Kirchhain 1998 schon wieder die Kamera zückte, um die Chefin in sengender Hitze mal mit Sonnenhut auf Film zu bannen, bekam er – siehe Titelbild! – den typischen Hildebrandtschen Zeigefinger gleich scherzhaft drohend mit dazu.

Die erste Ausstellung seiner Fotos, darunter viele Landschaftsaufnahmen, eröffnete sie am 10. März 2001 persönlich in der Potsdamer Villa Grenzenlos – und erzählte zu jedem Hildebrandt-Bild eine Geschichte. »Da mach'n wa mal'n Bildband draus, und ick schreib' wat dazu!«, hatte sie ihm einmal versprochen. Doch daraus wurde nichts mehr. Nun müssen statt dessen andere das Wort ergreifen. Ihnen allen danken wir sehr herzlich für ihre Beiträge im »Originalton«. Und wir sind dankbar, dass Regine Hildebrandt unseren Weg kreuzte. Sie brachte auch uns zum Nachdenken.

Berlin, im Februar 2002
Kathrin Finke und Rainer Karchniwy

»Die Frau hat für drei gelebt«

Wer war Regine Hildebrandt?

Mutig, geradlinig, wortgewaltig: Noch im letzten Frühjahr, kurz vor ihrem 60. Geburtstag, wurde Regine Hildebrandt mit dem Großen Bundesverdienstkreuz des Verdienstordens der Bundesrepublik Deutschland ausgezeichnet. »Sie ist eine der beeindruckendsten Politikerinnen der deutschen Nach-Wende-Zeit, sie steht für einen Politik-Stil, der Menschen mitreißt«, rühmte sie das Bundespräsidialamt in der Begründung. Dabei brauchte gerade die beliebte SPD-Frau keinen extra »Stil« für ihre Politik. »Regine galt vielen nicht als Politikerin. Bei ihr hatte jeder das Gefühl: Die meint uns, und die meint's ehrlich«, versuchte Brandenburgs SPD-Vorsitzender Matthias Platzeck am Tag nach ihrem Tod das Besondere an ihr in Worte zu fassen. »Bei Regine sind einfach keine Filter dazwischen: Sie sagt, was sie meint, und sie macht, was sie sagt.«

Politik ohne Filter und rastloser Einsatz für die Schwächeren – was viele nun als Regine Hildebrandts Vermächtnis ansehen, hat seine Wurzeln tief in ihren Erfahrungen, ihren Überzeugungen.* Nur ein gutes Jahrzehnt blieb der promovierten Biologin nach der Wende, um ihre Vorstellung von buchstäblich »gemeinnützigem« Engagement umzusetzen. Und dennoch zeigt ihre beispiellose Beliebtheit in Ost- wie Westdeutschland, dass sie in diesen wenigen Jahren Maßstäbe in der politischen Landschaft gesetzt hat.

»Mit den Brüdern hier nich!«

Anpassen, Mund halten, klein beigeben – das war nie Regine Hildebrandts Sache. »Also, mit den Brüdern hier nich! Det is 'ne politische Grundsatzentscheidung gewesen«, umschrieb sie in der Berliner Zeitung ihre Einstellung zum System. Das Misstrauen gegen das DDR-Regime saß tief. Es fing schon in der Kindheit an – vielleicht, weil die kleine Regine Radischewski den Wahnsinn der Grenze gleich vor der Haustür mitbekam.

Am 26. April 1941 in der Bernauer Straße 14 in Berlin-Mitte geboren, erlebte sie mit Eltern, Großeltern und dem vier Jahre älteren Bruder noch vier Jahre Krieg: »Natürlich prompt ausgebombt, evakuiert, '45 zurückgekommen nach Berlin ohne alles.« Die Musikerfamilie Radischewski – »Großvater Stehgeiger, Großmutter an der Bassgeige, und Vater hielt die Familie mit Klavierspielen über Wasser« – wohnte später im Haus Nummer zwei, Parterre links. »Wenn man aus dem Fenster guckte, war man mit'm Kopp im Westen und mit'm Hintern noch im Osten.«

Für die Bewohner war's praktisch, bis zum Mauerbau. »Die nächstgelegene Schule war im Westen, also verbrachte ich die ersten fünf, sechs Jahre im Wedding. Ich hatte gerade angefangen, Französisch zu lernen, als Ulbricht das gemerkt hat.« Weil der Vater seine Stelle am

Ballett-Institut nicht riskieren wollte, ging sie fortan im Osten zur Schule. »Das erste Diktat war gleich mit dem Wort ›Zentralkomitee‹ – na, det war mir ja völlig neu! Ick rätsele heute noch, wie viele m's und t's und e's da drin sind«, bekannte sie später lachend.

Nach der Schule war Regine »wie eine Biene« unterwegs: »Vom Sporttraining zur Ausstellung und dann noch in eine Lesung. Vogelstimmen hab ich bestimmt, eine Mineraliensammlung und ein Herbarium unterhalten. Mit meinem Vater habe ich vierhändig Klavier gespielt.« Das musste die Familie bei der Umsiedelung zurücklassen, weil das Fenster zu klein war. »Die Haustür hatten sie uns ja gleich zugemauert. Aber wir hatten Glück: Unsere neue Wohnung war in der Bernauer Straße 10, da hatte sich ein Musiker gerade noch rechtzeitig in den Westen abgeseilt. Also hatten wir doch wieder ein Klavier!«

Besonders die kargen Nachkriegsjahre sollten sie prägen. »Mit wenigem zufrieden sein, es dann auch gerne teilen, sich gegenseitig durch schwere Zeiten helfen – das hat eigentlich mein Leben insgesamt bestimmt.« Genau wie der christliche Glaube. »Es war klar, ich gehe nicht in die Jungen Pioniere, ich gehe nicht in die FDJ. Ich gehe zur Kirche.« Die Montagabende gehörten ab 1961 der Domkantorei, in den Kinderjahren lag ihr Bezugspunkt in der Nachbarschaft: Zwei Häuser weiter, mitten auf dem späteren Todesstreifen, stand die Versöhnungskirche.

Der Gemeindepfarrer hieß Hildebrandt und hatte drei Söhne. Gespielt hat sie mit allen. »Aber mir war schon immer klar, dass ich den einen nehme. Er hat für die

Erkenntnis ein bisschen länger gebraucht.« 1966 wurde geheiratet. Da stand sie längst mit beiden Beinen im Leben. 1959 hatte sie an der Humboldt-Universität begonnen, Biologie zu studieren. Zuerst wurde das Nicht-FDJ-Mitglied abgelehnt. »Zu meinem Glück gab's aber eine nachträgliche Immatrikulation, bei der ich doch noch reinrutschte.« Die Krankenschwester-Lehrstelle im Hedwigs-Krankenhaus hatte sie sich für den Ernstfall schon gesucht. Doch letztlich konnte sie ihr Diplom und über den Frauen-Förderungsplan sogar ihren Doktor machen – anders als ihr Mann Jörg, heute Journalist beim Rundfunk Berlin-Brandenburg, der sein Publizistik-Studium an der Freien Universität nach dem Mauerbau abbrechen musste.

Flucht oder ein Antrag auf Ausreise standen nie zur Debatte. Obwohl sich ihr Bruder 1961 im letzten Moment noch in den Westen abgeseilt hatte, wollte Regine Hildebrandt im Osten bleiben. »Weil das meine Gegend war. Außerdem kannten wir ja beides und wussten, so golden ist der Westen gar nicht. Gut, ohne die Mauer wär' ich zu Schering gegangen. Da hätte das Leben schon anders ausgesehen!« Statt dessen ging sie zum VEB Berlin-Chemie in Adlershof. Harte Zeiten für den bekennenden Morgenmuffel mit drei kleinen Kindern: »Bei einer Stunde Fahrzeit musste ich um sechs das Haus verlassen und alles andere vorher machen.« 15 Jahre blieb sie ihrer »Nische« beim VEB, Abteilung Qualitätskontrolle, treu, und wechselte dann in die Diabetikerbetreuung. Hier wie dort schminkte sich die Unangepasste die Karriere gleich ab. »Wenn Sie in der DDR nicht bereit waren, Kompromisse zu machen, dann war es klar«, sagte sie der Berliner Zei-

Aktion gegen das Fernweh: Regine Hildebrandt (Mitte) radelte 1965 mit Studienfreundin Ilse (rechts) und anderen Kommilitonen durch Masuren.

tung. »Man muss nicht die tollste Arbeit haben, um glücklich zu sein.«

Und glücklich war sie, wenn sie Vögel und Sterne beobachten konnte, mit der Familie basteln und wandern, Mineralien sammeln, schwimmen, singen, musizieren und was ihrer unzähligen Hobbies mehr waren. Für all das ließ der DDR-Alltag genügend Zeit. Dann kam die Wende …

»Wenn überhaupt eine Partei, dann die von Willy Brandt.«

Dem »Falten gehen« bei der Wahl verweigerte sich Regine Hildebrandt zu DDR-Zeiten konsequent, und »die Partei« war ihr suspekt. »Die Blockflöten hatten wir erst recht genascht! CDU war für uns Kirchenleute wirklich das Allerletzte.« Erst die Aufbruchstimmung '89 fegte ihre Vorbehalte gegen Parteien und politisches Engagement weg. »Als Berliner hatten wir natürlich Ernst Reuter und dann Willy Brandt erlebt – das war was! Im Westen hätten wir sowieso SPD gewählt.«

Also war's ein kurzer Weg von der Bürgerbewegung Demokratie Jetzt zu den Sozialdemokraten. Am 7. Oktober 1989 gründeten ein paar Mutige im Pfarrhaus Schwante bei Oranienburg die damals noch SDP genannte Partei. »Ein Kollege von meinem Mann bei der Evangelischen Verlagsanstalt war dabei und erzählte uns davon.« Am 12. Oktober traten die Hildebrandts bei, am 5. November halfen sie, den Landesverband Ostberlin zu gründen: »In der Sophienkirche bei meinem Schwager Johannes. Die Namen der Bezirke standen auf Schildern an den Emporen – bei Mitte hat fast bloß unsere Familie gesessen.« Ehemann Jörg mischte beim Runden Tisch Medien mit, Schwager Heinrich war Kreisvorsitzender, Schwägerin Annette im Landesvorstand. »Und bei den Volkskammerwahlen war ick denn fällig.«

Plötzlich war sie Politikerin: Im Sommer 1990 kam Regine Hildebrandt auch mal in Sandalen in die Volkskammer.

22 Prozent holten die Sozialdemokraten am 18. März. Fast unwillig zog de Maizières künftige Arbeits- und Sozialministerin in den Palast der Republik ein. »Ick wollte, dass die SPD gewinnt, aber selber hätte ick lieber in meiner Diabetikerberatung weitergemacht.« Damit war spätestens nach der Vereidigung am 12. April Sense. »Ick war ja ständig unterwegs! Als ich Ministerin wurde, hatten wir 35 000 Arbeitslose in der ganzen DDR – und dachten schon, die Welt geht unter.«

Im September '90 zerbrach die Koalition am Streit über den Einigungsvertrag. Da wollte die Biologin längst nicht mehr zurück in den Beruf. »Ich hatte Blut geleckt.« Von den Brandenburger Volkskammer-Kollegen Matthias Platzeck, Marianne Birthler und Steffen Reiche ließ sie sich nach Potsdam abwerben. »Die sagten: Wir fangen da ganz neu an, und du hast wenigstens schon ein bisschen Erfahrung.«

»Das Menschenmögliche haben wir getan.«

Die Scheiben mit gelben Merkzettelchen zugepflastert, das Ohr am Autotelefon, die Nase in Papieren und trotzdem immer ein Auge für die Zugvögel am Himmel. Auf langen Fahrten zwischen Krankenhäusern, ABM-Trägern undRaueninitiativen überall in der Mark tat Regine Hildebrandt, was sie am besten konnte: alles auf einmal. Die Rückbank in ihrem Dienst-Audi wurde zwischen 1990 und '99 häufig zum Büro, und wo er anhielt, war Not am Mann: Marode Altenheime mussten saniert, neue Träger für soziale Einrichtungen gefunden, bei der Abwicklung zahlloser Betriebe das Schlimmste verhütet werden.

Tuchfühlung mit den Betroffenen war ihr immer wichtig, die endlosen Kabinettssitzungen der Ampel-Koalition mit Bündnis 90/Grünen und der FDP weniger. »Obwohl das Klima ausgesprochen nett war: Stolpe ließ alle reden, bis keiner mehr konnte. Dann hat er's zusammengefasst, und niemand widersprach. Das ist die berühmte Stolpesche Moderation!« Zuhören, trösten, geduldig und in schlichten Worten komplizierteste Neuregelungen erklären – Regine Hildebrandt nahm »ihre« Senioren, »ihre« Kranken, »ihre« Wende-Geschädigten an die Hand und führte sie durch den Vereinigungs-Taumel. »Ihr müsst selber was tun!«, schärfte sie verzagten

Mitbürgern immer wieder ein – und nervte gleichzeitig die »Entwicklungshelfer« aus dem Westen mit ihren Forderungen.

»Das war schon eine irre Zeit«, erinnerte sie sich zehn Jahre später an den schweren Start nach ihrer Vereidigung am 22. November 1990. Das Potsdamer Super-Ministerium für Arbeit, Soziales, Gesundheit und Frauen musste erst aufgebaut werden: »Was meine Leute geknüppelt haben, damit überhaupt was passiert, und parallel dazu brach die ganze Wirtschaft zusammen. Ununterbrochen stiegen die Arbeitslosenzahlen, und wir wollten verzweifelt was dagegen tun.«

Es gelang nicht immer. Aber gegen alle Widerstände setzte sie durch, dass Brandenburg als erstes ostdeutsches Land neben ABM auch Struktur-Anpassungs-Maßnahmen (SAM), eine Art zweiten Arbeitsmarkt, einführte. »Wir müssen Arbeit statt Arbeitslosigkeit finanzieren«, schrieb sie den Kabinettskollegen von der Ampel-Koalition und nach 1994 auch der SPD-Alleinregierung ins Stammbuch. Unbarmherzig trieb sie ihre Mannschaft an, das meiste für die Schwachen und Bedürftigen rauszuholen. Parole: »Erzählt mir doch nich, dasset nich jeht, sondern wie't jeht!«

Von Morgens bis nach Mitternacht war sie meist auf Achse, für Hobbies und Familienleben blieb immer weniger Zeit. Aber wo Kabinettskollegen nach ihren 18-Stunden-Tagen kaum noch Kraft zum Ins-Bett-Fallen hatten, startete sie noch nächtliche Heimwerker-Aktionen oder schob vor dem Frühstück einen Vogel-Beobachtungs-Termin mit ihrer Freundin Ilse ein. Und die Proben der Berliner Domkantorei am Montagabend waren sowieso heilig. »Ich hab immer gesagt: Die Frau lebt für drei, soviel kann sie und macht sie«, stellt Luise Karchniwy, die Ehefrau von Regine Hildebrandts Fahrer, bewundernd fest.

»Da könnt' ick 'n Knüppel nehmen!«

Wer soviel macht, kann auch Fehler machen. Vetternwirtschaft? Untreue? Schlamperei? Die Wogen in den Medien schlugen hoch, als im April 1995 erste Meldungen über »Unregelmäßigkeiten« im Hildebrandt-Ministerium auftauchten: Staatssekretär Detlef Affeld sollte überschüssige Fördermittel für Sozial- und Gesundheitsprojekte auf Treuhand-Konten »geparkt« haben. »Damit sie nicht verfallen«, verteidigte die Chefin des Hauses die jahrelange Praxis »an der Grenze der Legalität«.

Der Landtag untersuchte, der Rechnungshof rügte, Staatsanwälte ermittelten. Die Opposition weidete sich an der von ihr selbst noch angeheizten »Affäre Hildebrandt«, die im Jahr darauf den Staatssekretär aus dem Amt fegte. Den Beliebtheitswerten von »Mutter Courage« schadete das Gezerre nicht. Unangefochten lag sie zusammen mit Manfred Stolpe an der Spitze aller Meinungsumfragen. Doch die Unterstellungen zehrten an ihren Kräften – vielleicht mehr, als sie selber zugab. »Wir bewundern ihre Offenheit und verkennen ihre Verletzbarkeit. Wir haben böse Angriffe nicht immer klar genug zurückgewiesen«, bekannte Ministerpräsident Manfred Stolpe viel später in seinem Nachruf.

Im Juli ’96 dann der Schock: Brustkrebs. Im Pankower Krankenhaus »Maria Heimsuchung« wurden Tumore und Lymphknoten entfernt. »Die Prognose ist nicht günstig«, war der Biologin klar. Deshalb machte die Familie jetzt Nägel mit Köpfen. Auf dem Sommergrundstück am Woltersdorfer Flakensee bauten sie ihr »Mehr-Generationen-Haus«. Regine und Jörg Hildebrandt zogen im Herbst ’97 ins Erdgeschoss, außerdem haben Sohn Jan, Schwager Johannes, die Schwiegereltern und Tochter Frauke mit ihrer Familie eigene Wohnungen: »Man kann die Tür hinter sich zumachen, aber trotzdem jederzeit füreinander da sein. So hatte ich mir das immer gewünscht.«

Erst im Juli 1999 fand die sogenannte Affäre ein Ende. Der »Freispruch der Extraklasse«, den Affeld und drei Mit-Angeklagte kassierten, und die Einstellung der Ermittlungen gegen sie selbst entlasteten die Ministerin aber kaum. Schließlich stand Brandenburg vor den Landtagswahlen, die CDU unter Stolpe-Herausforderer Jörg Schönbohm feuerte aus allen Rohren. Dessen ätzende Rhetorik brachte die Wahlkämpferin besonders in Rage: »Da könnt’ ick ’n Knüppel nehmen! Tu ick aber nich. Er ist General, wer weiß, was er noch hat!«

Aller Einsatz, alles Zetern half nichts. Am 5. September 1999 watschten die Wähler die SPD gründlich ab. Mit nur 39 Prozent der Stimmen und Verlusten von 15 Prozent war die Alleinregierung am Ende. Mit »den Arschlöchern von der CDU« – ihre beiläufig in einer Fraktionssitzung gemachte Bemerkung fand natürlich prompt ein lebhaftes Echo in der Presse – wollte Regine

Hildebrandt auf keinen Fall koalieren. Zwar hielt sie große Stücke auf CDU-Politiker wie Norbert Blüm, Rita Süßmuth oder Richard von Weizsäcker, doch mit der Brandenburger Blockflöten-Riege und ihren vereinzelten Westimporten schien ihr eine Zusammenarbeit völlig unmöglich. »Schon zu DDR-Zeiten war die SED unser Gegner. Die CDU war unser Feind!«, stritt sie am 5. Oktober beim Sonderparteitag in Ludwigsfelde für ein rot-rotes Bündnis mit der PDS.

Sie stand auf verlorenem Posten. Und zog Konsequenzen. Selbst ihr Direkt-Mandat im Wahlkreis Elbe-Elster gab sie zurück. Zum Abschied backte sie ein gutes Dutzend Frankfurter Kränze fürs ganze Ministerium und beschloss, sich endlich mehr Zeit zum Vögelbeobachten und Lesen zu nehmen. Doch daraus wurde nichts. Die Bundes-SPD und das Forum Ostdeutschland brauchten ihre mitreißendste Botschafterin dringend. Quer durch die Republik trat sie in Wahlkämpfen auf, Debatten zu Ost-West-Themen, Talkshows, sogar Laienpredigten hielten sie auf Trab: »Alle sagen, jetz' haste doch Zeit, jetz' kommste zu uns. Ick bin weniger zu Hause als vorher!«

»Lieber gleich offenlegen, was Sache ist.«

Ohne Umschweife machte Regine Hildebrandt Politik, ohne Umschweife ging sie auch mit ihrer Krankheit um. »Kinder, das gehört alles zum Leben. Jammern nützt da nichts«, sagte sie sich selbst, ihrer Familie und auch der Öffentlichkeit im Stern-Interview. »Lieber gleich offenlegen, was Sache ist«, entschied sie bereits nach der Operation 1996. Auch um Spekulationen zu verhindern, ließ sie ihr Ministerium umgehend in die Presseerklärung schreiben, dass eine Brustamputation nötig war und Lymphknoten entfernt werden mussten. »Wer Ohren hatte zu hören, wusste damit, dass es ein fortgeschrittenes Stadium war.«

Ausgerechnet die Gesundheitsministerin geht zu spät zur Vorsorge? »Ich habe mir vor lauter Politik nicht die Zeit genommen. Leider habe ich dann eine Mammographie noch mal ein Vierteljahr verschleppt«, gab sie zu. Und trommelte fortan überall für bessere Früherkennung und intensivere Grundlagenforschung: »Jede neunte Frau erkrankt an Brustkrebs, wir müssen da mehr Geld reinstecken.« Über ihre Lage machte sich die Naturwissenschaftlerin keine Illusionen. Sie hoffte auf Zeitgewinn, nicht auf Heilung. Und machte weiter wie bisher – Arbeit, Hektik, Einsatz für andere. »Ick hab' jenuch um die Ohren, da kann ick mich nicht pausenlos um mich selbst sorgen«, wehrte sie noch im letzten Frühjahr, als der Krebs längst zurückgekehrt war, zuviel Fürsorge ab.

Kürzer treten lag ihr nicht, auch wenn Ehemann Jörg und die Kinder sie noch so sehr darum baten. Höchstens in den Schwächephasen nach der Chemotherapie, wenn's ihr »wirklich richtig elend« ging, sagte sie schweren Herzens mal Termine ab. »Da muss man eben manchmal sagen, es geht nicht. Bloß meistens geht's eben doch. Wenn wir als Kinder mal nicht zur Schule wollten, weil wir uns nicht fühlten, sagte meine Mutter immer: Jetzt geh erst mal hin, und wenn's nicht geht, kommste wieder. Das sage ich mir heute so oft! Ich geh erst mal hin, dann wird's schon klappen. Und es klappt ja auch!«

Also rackerte sie, wie gehabt, fürs Forum Ostdeutschland und den Bundesvorstand der SPD, unterstützte Wahlkämpfe im ganzen Land, brach öffentlich Tabus. »Wenn bekannt ist, wie's um einen steht, kann man für die Betroffenen viel mehr rausholen«, war sie überzeugt und stieß mutig eine Debatte über Sterbehilfe an. In Talkshows und Interviews redete sie über Krebs. Den Tod. Ihre Perücke. Machte damit nicht nur den Betroffenen Mut, sondern auch den Entscheidungsträgern die Hölle heiß: »Bei Justizministerin Herta Däubler-Gmelin leuchten alle Warnlampen auf, aber wir müssen die aktive Sterbehilfe neu überdenken«, forderte sie wiederholt und versuchte die Parteifreundin in langen Telefonaten zu überzeugen. »Du sitzt nachher nicht an meinem Bett und sorgst für juristische Klarheit. Angehörige und Ärzte brauchen aber Sicherheit.«

Die Optimistin ist wieder da: Mit Misteltee in der Thermoskanne kehrt Regine Hildebrandt ins Sozialministerium zurück. Ihr erster Arbeitstag nach der Operation ist der 5. August 1996.

Regine Hildebrandt konnte diese Debatte nicht mehr zu Ende führen. Noch im Oktober 2001 eröffnete sie in Frankfurt (Oder) Brandenburgs erstes Sterbe-Hospiz. »Na, soweit isses bei mir aber noch nicht!«, kommentierte sie spontan die Anfrage der Wichern-Pflegedienste, das Heim nach ihr benennen zu dürfen. Sie sollte nicht lange Recht behalten. Auf dem SPD-Parteitag Ende November, wenige Tage vor ihrem Tod, saß sie noch vorne im Präsidium. Diskutierte, engagierte sich wie immer. Wurde mit dem besten Ergebnis in den erweiterten Vorstand gewählt und bejubelt. Doch ihre Kräfte ließen nach. In einer Pause stürzte sie auf dem Flur, besorgte Mienen ringsum: »Ick bin ma' wieder zu schnell jeloofen«, beruhigte sie sich und die anderen. »Det war schon immer mein Problem: Ick bin eben zu schnell für diese Welt.«

Überraschend schnell nahm sie Abschied von ihr. Nach ihrer Rückkehr vom SPD-Kongress in Nürnberg am Donnerstag kam sie nicht mehr richtig auf die Beine. Vor dem Tod hatte Regine Hildebrandt keine Angst. »Wenn Sie als evangelischer Christ groß geworden sind, ist das die Basis für Ihr Leben. Und es ist auch Kraftquelle bei mir, natürlich insbesondere die Kirchenmusik: Sie singen da seit Jahrzehnten die unterschiedlichsten christlichen Aussagen, die Leuten Kraft geben sollen, und warum sollen die nicht auch mir Kraft geben, wenn ich in der Situation bin? Insofern ist das sehr hilfreich, das Basieren auf der Zusage: Sie sind nicht alleine und kriegen auch die Kraft, die Sie brauchen.« So beschrieb sie das, was ihr Halt gab, in unserem letzten Gespräch für den Berliner Kurier im März 2001. Sie war davon überzeugt, dass der Tod nicht das Ende ist, auch wenn sie ihre Vorstellung vom Ewigen Leben »entmythologisiert« nannte: »Da glaube ich schon, dass es weitergeht, aber eben nicht so bildhaft. Man kann sich heutzutage vorstellen, dass sich vieles auf der geistigen Ebene abspielt, auf der Energie-Ebene, um es mal naturwissenschaftlich zu sagen.«

Regine Hildebrandt starb am späten Montagabend, am 26. November 2001, in ihrem Haus in Woltersdorf. Genau so, wie sie es sich immer gewünscht hatte: »Ohne Schmerzen, geistig klar.« Ihre Familie war bei ihr. Eine Woche später wurde sie auf dem Dorffriedhof neben ihren Eltern beigesetzt. Frère Wolfgang von der Bruderschaft im französischen Taizé betete für sie: »Zeit ihres Lebens hat sie deine Lieder gesungen und von dir Zeugnis gegeben durch ihren Einsatz für die Würde der Benachteiligten. Sie ist bei dir nicht in der Fremde.«

* Diese Spurensuche basiert auf einer Artikelserie, mit der ich im Berliner Kurier nach ihrem Tod an Regine Hildebrandt erinnerte. Sie erschien vom 29. 11. bis 04. 12. 2001. Für die Mitarbeit an der ersten Folge danke ich meiner Kollegin Nike Weber-Köpf. Neben eigenen Interviews dafür verwendetes Archivmaterial: »Aus mir wird nichts« (Interview mit der Berliner Zeitung, erschienen am 28. 04. 2001); »Kinder, das gehört alles zum Leben« (Interview im Stern 9/2001); Notizen bei einer Aufzeichnung zum »Brandenburger Treff« (ORB-Talk mit Cherno Jobatey, ausgestrahlt am 26. 04. 2001).

»So war se eben« –
Erinnerungen in Wort und Bildern

»Wir ha'm uns verstanden wie zwei linke Latschen« – 630 000 Kilometer Gemeinschaft

Rainer Karchniwy (51) aus Wilhelmshorst war acht Jahre lang Regine Hildebrandts Fahrer, blieb auch danach ein Freund der Familie. Rund 630 000 Kilometer legten die beiden zwischen 1991 und 1999 in drei dunkelblauen Dienst-Audis zurück. »Wir ha'm uns verstanden wie zwei linke Latschen«, sagt der gebürtige Potsdamer. In der Landtags-Cafeteria schmunzelten seine Kollegen schon immer, wenn die Fraktionssitzung zu Ende war: »Die wussten dann schon, was jetzt kommt! Sie kam unten aus dem Saal, und dann ging's bloß: ›Huuuuhuuuu!‹

Traut am Kamin: Rainer Karchniwy besucht seine Chefin zu Hause.

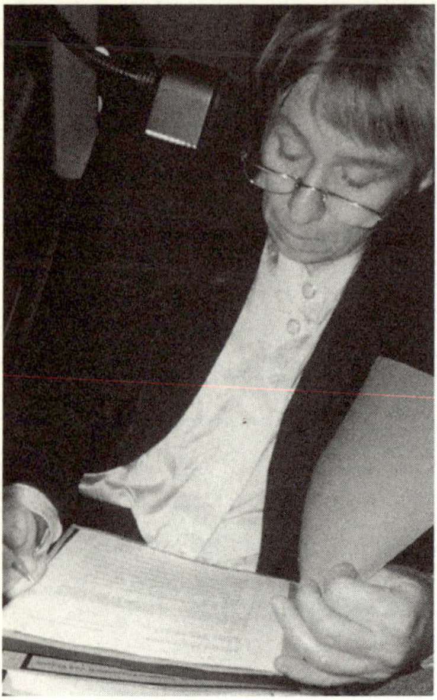

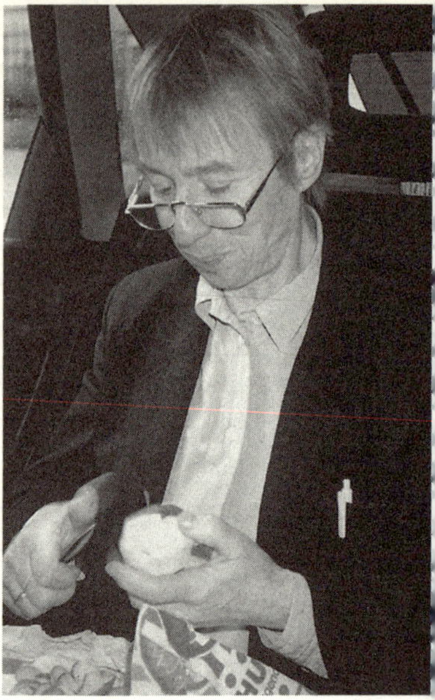

Arbeit im rollenden Büro: Dank der Leselampe im Auto lässt sich der Feierabend beliebig hinausschieben (links).
Ersetzt jedes Mittagessen: Deutschlands größte Apfel-Freundin bei ihrer Lieblingsmahlzeit (rechts).

Und ick rufe: ›Jaaaahaaa!‹ Das war wie so ein Ritual – ich wusste, das war alles nicht so eilig, sie wusste, ich bin da. Nee, das war schon schön!«

Einen »Glücksfall für beide Seiten« hat Jörg Hildebrandt die enge Verbindung einmal genannt – wusste er seine Frau doch bestens umsorgt vom »Karchniwyschen Komfortservice«. Er zauberte nicht nur immer neue Äpfel aus dem Kofferraum, sondern auch bei Laufmaschen eine frische Strumpfhose hervor. Karchniwy holte Kleidung aus der Reinigung, arrangierte kurzfristig

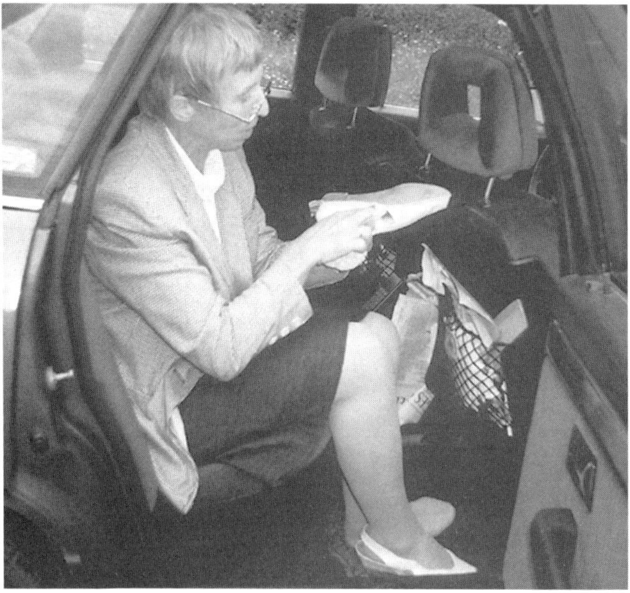

Wie seh'n die denn aus?! Besonders nach Baustellen-Terminen ist Schuheputzen fällig.

Zahnarzt-Termine, hatte immer Schuhputz- und Nähzeug parat. »Wenn mal ein Saum ausgerissen war, da kannte Frau Hildebrandt nix, schwupp, wurde auf dem Rücksitz die Hose ausgezogen und geflickt«, erinnert er sich lachend. »Und staubige Schuhe von der letzten Grundsteinlegung hat sie vorm nächsten Termin auf der Fahrt poliert. Manchmal so hingebungsvoll, dass ich an der Ampel gesagt habe: Frau Hildebrandt, nehmen Se mal die Schuhe weiter runter, die Leute gucken ja schon!«

Was Karchniwy nicht im Auto hatte, konnte er besorgen. »Einmal brauchte sie so Knöpfe für Damastbett-

Dringender Anruf in Finsterwalde: Ausnahmsweise telefoniert Regine Hildebrandt außerhalb des Autos. Dabei ist eigentlich Wahlkampf-Pause mit Bier angesagt!

wäsche von anno dazumal. Sag ich: Frau Hildebrandt, so was gibt's heute nicht mehr! Na, das konnte sie nu überhaupt nicht verstehen. Also hab ich alle Hebel in Bewegung gesetzt, um so was zu finden – war ja auch 'ne Herausforderung für mich!« Schleifmaschinen und Wandfarbe, Weihnachtsgeschenke und Karteikarten werden in diesem Buch noch Erwähnung finden, und viele der anderen kleinen Erinnerungen, die sich in acht Jahren Fahr-Gemeinschaft so ansammeln.

Wobei die Rollen durchaus mal getauscht wurden! Zumindest eines schönen Sonnabends: »Kurz bevor wir das zweite Auto bekamen, wollte sie auch mal fahren – sie hatte ja 'ne Fahrerlaubnis, aber kam ja nie mehr dazu«, erzählt Karchniwy. »Also hab ich mich hinten reingesetzt. Und sie voller Begeisterung – Mitte Straße und Vollgas! Naja, es war Wochenende und 'ne einsame Nebenstraße, aber ich war heilfroh, als ich wieder ans Steuer durfte.«

Ihre Zuversicht macht mir bis heute Mut

Kathrin Finke (31) hätte sich als Münchner Amerikanistik-Studentin nie träumen lassen, dass sie mal Brandenburg-Redakteurin beim Berliner Kurier werden würde. Und Deutschlands außergewöhnlichste Politikerin ihr dann beim Himmelsgucken hilft:

Man liebte oder hasste sie, dazwischen gab's offenbar nichts. Die meisten liebten Regine Hildebrandt, auch an jenem Wahlkampf-Abend in einem Münchner Bierkeller, wo ich mit Freundinnen die legendäre Ost-Frau live hören wollte.

Es muss in den frühen Neunzigern gewesen sein, als die Bayern-SPD wieder mal halbherzig versuchte, die CSU vom Thron zu stoßen. »Rrrregine« – so heißt sie tief im Süden – redete, der Bierkeller tobte, und wir Studentinnen waren entflammt: Solche Frauen braucht das Land!

Jahre später interviewte ich sie immer wieder mal für den Berliner Kurier, zuletzt kurz vor ihrem 60. Geburtstag im März 2001. Wir saßen in ihrem Wohnzimmer hoch über dem Flakensee und kamen vom Hölzchen aufs Stöckchen. Wir redeten über die wachsende Kluft zwischen Ost und West, über Arbeitslosigkeit und Frauenförderung, über Hausarbeit: »Mein Mann hat immer mitgeholfen.« Über Familie: »Wieso ha'm Sie denn noch keine Kinder, wird ja langsam Zeit!« Über Träume: »Ick könnte stundenlang vor der Weltkarte sitzen und gucken, da müssteste mal hin.« Über Glaube, Liebe, Hoffnung …

Ihre Gelassenheit und ihre feste Zuversicht, dass mit dem Tod nicht alles aus ist, machen mir bis heute Mut. Das Tonband hüte ich wie einen Schatz. Am Ende kramte sie noch die Uhrzeiten für mich heraus, wann die russische Weltraumstation Mir über Berlin zu sehen ist. Wie früher meine eigene Mutter: Sie ließ auch keinen aus ihrem Haus gehen, ohne noch was mitzugeben.

Kathrin Finke fuhr Regine Hildebrandt auch einmal nach einem Interview die 60 km nach Hause.

Carpe diem! – Nutze den Tag! Regine Hildebrandt und das intensive Leben

»Allet sehen wollen, nichts auslassen, da bin ick ja immer groß!« So charakterisierte sich Regine Hildebrandt einmal augenzwinkernd selbst. Was sich eigentlich auf ihre Reiselust bezog und auf den Hang, beispielsweise aus Neugier auf den amerikanischen Yellowstone-Nationalpark ein paar tausend Kilometer Umweg in Kauf zu nehmen (»Wir sind jekarrt wie die Idioten!«), erklärt vielleicht, warum ihre Tage mindestens 32 Stunden zu haben schienen. »Du bist ehrlich, klar, deutlich. Du lässt nichts aus, was zum Leben gehört«, formulierte ihr lang-

Nur einmal im Landtag, als die Fraktionssitzung ausfällt, sitzt sie schon eine Stunde vor der Zeit auf der Regierungsbank.

Den Augenblick auskosten: Beim Besuch des ABM-Projektes »Renaturierung der Deponie Uebigau« überraschen ihre Begleiter die Ministerin mit einem Picknick.

jähriger Kabinettskollege Matthias Platzeck in seiner Rede zu ihrem 60. Geburtstag.

Mehrere Dinge gleichzeitig zu tun war bekanntlich Regine Hildebrandts Spezialität. Verschiedentlich ist noch die Rede davon, wie ihre ganz eigene Art von Zeitmanagement aussah. In langwierigen Sitzungen beantwortete sie gerne Briefe – natürlich ohne je ihren Einsatz zu verpassen, schließlich hörte sie ja nebenbei zu wie ein Luchs. Wer ihr immenses Tempo nicht halten konnte, bekam nach seinem Bericht über die schwierige Umsetzung einer Aufgabe schon mal zur Antwort: »Na schön, aber wieso habt ihr mit der nächsten noch nicht angefangen?«

Immer noch zwei, drei Aktivitäten mehr unterzubringen zwischen Aufstehen und Schlafengehen – ist das Geheimrezept für intensives Leben wirklich so simpel?

Zeit vertrödeln war ihr ein Graus. Aber auf einem Baumstumpf einen Moment lang die Sonne genießen oder unterwegs Kraniche beobachten – das war immer drin. Das hatte mit Trödeln auch nichts zu tun, dafür nahm sie sich die Zeit, wenn schon für ausgiebige Ausflüge keine übrig blieb. Vielleicht wirkte sie deshalb trotz ihrer Ungeduld und ihres notorischen Zuspätkommens nie gehetzt. Wenn sie endlich ankam, war sie voll da. Und immer ganz Ohr. Möglicherweise ist das ihr Geheimnis: Alles im Leben hat seine Zeit. Steht ja schon in der Bibel …

Da muss Regine Hildebrandt einmal selbst auf ihren Fahrer warten – statt umgekehrt! –, schon macht sie sich's auf der Treppe gemütlich und überfliegt noch ein paar Akten.

Gräben werden übersprungen

VOLKER HALSCH (37), Leiter des Leitungsstabes im Bundesfinanzministerium, war zur Wendezeit Geschäftsführer der nordhessischen Jusos und erinnert sich noch lebhaft an Regine Hildebrandts Auftritt vor der diskussionsfreudigen SPD-Jugend:

März 1991. Juso-Bundeskongress in Potsdam. Kein normaler Kongress, der erste in den neuen Ländern. Hier soll nun zusammenwachsen, was zusammengehört. Die Jugendorganisationen der west- und der ostdeutschen SPD vereinigen sich formal zu einem einheitlichen Verband. Die Erwartungen und die Vorfreude sind hoch. Wer jedoch geglaubt hätte, hier würden abseits der alten Rituale der westdeutschen Jusos Themen der deutschen Einheit im Vordergrund stehen, sieht sich schnell eines Besseren belehrt. Die alten Strömungen dominieren auch in Potsdam. Hier die Stamokaps, da die Reformorientierten. Die Delegierten aus den neuen Ländern werden heftig von den Alt-Jusos aus dem Westen umworben. Der Kongress droht sich, wie viele vor ihm, in internen Debatten zu verstricken, die Welt draußen spielt kaum eine Rolle.

Nach zwei quälenden Tagen dann der Auftritt von Regine Hildebrandt, kurz vor dem Ende der Beratungen.

Zuerst noch ein wenig Unruhe im Saal, dann urplötzlich Ruhe und gespannte Aufmerksamkeit. Engagiert beschreibt Regine die Probleme nach der Vereinigung, setzt immer wieder an konkreten Lebenslagen an. Jeder merkt, die wird sich nie mit Erreichtem zufrieden geben, die kämpft für die Menschen in ihrem Lande, für die sie sich verantwortlich fühlt. Viele kennen Regine nicht, fragen mich und andere, wer denn das sei. Ich kenne sie auch nicht persönlich, aber gelesen und gehört habe ich von ihr, sie ist mir in den Medien aufgefallen mit ihrer direkten und zupackenden Art, einer Art, von der wir doch so viele bräuchten in diesen Umbruchzeiten.

Regines Rede wird permanent von heftigem Beifall unterbrochen. Und alle klatschen. Die Linken, die Rechten, die Delegierten aus den neuen und die aus den alten Ländern. Gräben, die in den Debatten der Vortage aufgerissen wurden, werden übersprungen, sind nicht mehr relevant. Was man zwei Tage versuchte und was nicht gelang, Regine schaffte es: die Einheit und eine gemeinsame Identität des Verbandes herbeizuführen. Sie gibt Richtung und Orientierung, lässt theoretisierende Überhöhungen beiseite, beschreibt die Wirklichkeit und bietet Lösungen an. Das kommt an, der Schlussbeifall ist gigantisch.

Vielleicht hätten viele menschliche Enttäuschungen im Zuge der deutschen Einheit vermieden werden können, wenn es damals mehr Verantwortliche wie Regine Hildebrandt gegeben hätte, die die Dinge realistischer gesehen, aber auch engagierter angepackt hätten. Aber das ist hypothetisch. Was bleibt, ist Regines Leistung.

»Die haben Tante Hildebrandt zerstört!«

Hannelore Birkholz (61), Landtagsabgeordnete der PDS, teilte seit 1990 mit Regine Hildebrandt den Wahlkreis ganz unten im Süden Brandenburgs. Und auch sonst gab es Ähnlichkeiten und Annäherungen:

Meine Kontakte zu Frau Hildebrandt entwickelten sich sehr schnell durch die gemeinsamen Aufgabengebiete: Frau Hildebrandt war Ministerin für Arbeit, Soziales, Gesundheit und Frauen und ich als Mitglied der PDS-Fraktion und Vorsitzende des gleichlautenden Ausschusses in der Opposition zuständig für Sozial- und Gesundheitspolitik.

Fragen der Gesundheitspolitik, die Unterstützung in der Arbeitsmarktpolitik, auch bei der Förderung des zweiten Arbeitsmarktes – und unser beiderseitiges Sozialengagement für benachteiligte Gruppen bildeten die Basis für unsere Zusammenarbeit. Natürlich gab es auch strittige Themen. Einmal, ich weiß gar nicht mehr, um was es da überhaupt ging, hat sie mich gefragt – als ich vom Rednerpult an ihrem Platz vorbeiging –: »Wer hat Ihnen denn die Rede aufgeschrieben?«

Und dennoch hatte sich über die Jahre ein sehr vertrauensvolles Verhältnis entwickelt. Bei Begegnungen hatte

Sozial engagiertes Doppel: Hannelore Birkholz und Regine Hildebrandt.

jede für die andere auch ein persönliches Wort. Erst nach ihrem Tod erfuhr ich – durch die Zeilen ihres Mannes an mich –, dass ich wohl häufiger in häuslichen Diskussionen eine Rolle spielte; dass sie über Anregungen und Korrekturen, die von mir ausgingen, sprach.

Meine Sympathie zu ihr hat sich auch auf meine Enkelin übertragen. Zum Beispiel gab es da eine Episode bei den Landtagswahlen 1994: Wir hatten ja immer den gemeinsamen Wahlkreis Elbe-Elster, und in der Stadt Finsterwalde war plakatiert. Ich fuhr mit meiner vierjährigen Enkelin durch die Stadt. Sie freute sich über Omas Plakat, auf dem sie selbst, Margeriten pflückend, zu sehen war – aber noch viel mehr über das Plakat von »Tante Hildebrandt«. Eines Morgens entdeckte sie ihr Plakat und rief aufgeregt und mit weinerlicher Stimme: »Sieh doch mal, Oma, die haben Tante Hildebrandt zerstört!« Auf dem Plakat waren die Augen ausgestochen und Lippen und Wangen rot gemalt.

Höhepunkt für die Enkelin war eine Maifeier in Lauchhammer. Sie durfte mit einer »Pioniereisenbahn«, auf dem Schoß von Frau Hildebrandt sitzend, durch den Park fahren.

Gern erinnere ich mich auch an den Bundestagswahlkampf 1998: Frau Hildebrandt unterstützt ihn in Finsterwalde. Ich bekomme einen Anruf: »Weißt du, dass Frau Hildebrandt auf dem Markt spricht?«

»Nein, aber dann fahre ich doch dorthin!« Ich komme auf den Marktplatz – Frau Hildebrandt, von einer Traube von Menschen umgeben, sieht mich und sagt: »Ach, Tag Frau Birkholz. Ick sage Ihnen«, ruft sie, wieder zu den Menschen gewandt, »det is ne Frau! Mit der kann man Politik machen. Die könnt'er immer wählen, nur diesmal nich! Diesmal müsst'er SPD wählen, der olle Kohl muß weg.«

Als bei der Landtagswahl die absolute Mehrheit für die SPD verloren geht und die Koalition aus SPD und CDU gebildet wird, legt Frau Hildebrandt aus Protest ihr Amt als Ministerin nieder und gibt schließlich ihr Mandat als Abgeordnete zurück. Ich war damals psychisch richtig davon betroffen, für mich brach etwas zusammen. Zu meinem Geburtstag im September schrieb sie mir: »Ich hätte gerne mit Ihnen weiter gearbeitet – aber so nicht!« Ich hatte Respekt vor ihrer konsequenten Haltung, aber verstand Herrn Stolpe nicht. In meinen Augen ließ er sie fallen, wie eine heiße Kartoffel.

Ihren letzten Auftritt als Ministerin erlebte ich bei der Übergabe eines neuen OP-Traktes im Krankenhaus in Elsterwerda. Ich war in einer schrecklichen Stimmung. Nach den offiziellen Reden, bei einem kleinen Imbiss, ging ich auf sie zu und fragte sie – schon mit zitternder Stimme, weil ich die Tränen nicht verbergen konnte –: »Frau Hildebrandt, ist das jetzt unser letztes Zusammensein?« Ich merkte, sie war auch betroffen, doch in ihrer couragierten Art antwortete sie: »Frau Birkholz, wir werden uns ganz bestimmt noch oft treffen, und in Herrn Ziel werden Sie einen ebenso guten Partner finden.«

Jesacht, wie’t is

Matthias Krauss (41) begleitete Regine Hildebrandts politische Aktivitäten seit 1990 durchaus kritisch. Der Potsdamer Journalist arbeitet als politischer Beobachter für mehrere Nachrichtenagenturen und Zeitungen:

Gab es in Brandenburg auch nur einen Menschen, dem die Nachricht nicht einen Stich versetzt hätte? Als bekannt wurde, dass Regine Hildebrandt nicht mehr lebt, machte es fassungslos, obwohl man doch wusste, wie schwer erkrankt sie war.

Es ist wie so oft: Erst wenn ein Mensch verloren ist, wird uns richtig bewusst, was wir an ihm hatten. Aber das gilt natürlich für die Sphäre der Verwandtschaft und des persönlichen Umgangs. Kann das auch für die Politik gelten und für Menschen, die uns allenfalls in den Medien begegnen?

Für Lady Diana hat es zugetroffen und für Regine Hildebrandt noch viel mehr. Obwohl die SPD-Politikerin uns faktisch genauso nah oder fern stand, wie andere Politiker auch, hatten Millionen Menschen ein geradezu liebevolles persönliches Verhältnis zu ihr. Anziehend und glaubhaft war, dass sie auf betuliche Distanz zu

Menschen nie achtete, selbst ein Mensch war und für nichts anderes gehalten werden wollte. Und sie war nicht frei von Verzweiflung, als sie schon vom Tod gezeichnet war. In einem beinahe übermenschlichen Akt der Arbeit und der Energieentäußerung hatte sie sich bis zum Schluss davon ablenken können und wollen.

So wie sie nach den quälenden Behandlungen jedesmal wieder zur Tat schritt, hatte es beinahe etwas Militärisches, etwas vom Halten eines verlorenen Postens. Sie war dabei für viele eine Stütze, aber für sie selbst muss er auch stützend gewesen sein, dieser vieltausendfache Zuspruch bis zum Schluss. Anders ist das Aufrechte in ihrer Haltung bis zur letzten Minute nicht zu erklären. So gesehen, haben die vielen von ihr Beglückten das Leben von Regine Hildebrandt verlängert; ohne diese Hilfe wäre sie schon früher zusammengebrochen.

Matthias Krauß

Gegen den Tod stehen wir alle letztlich auf verlorenem Posten – früher oder später –, aber bei Regine Hildebrandt hatte die Verzweiflung noch eine andere Dimension: Verzweifelt war sie an ihrer Arbeit. Davon ist selten oder nie die Rede gewesen. Als sie sich vor über zehn Jahren in die Politik begab, tat sie es mit dem festen Glauben, das Gute sei nun an der Macht und es wäre möglich, alles richtig zu machen und zum Guten zu wenden. Doch ihre Arbeit, in die sie sich wie eine Löwin stürzte, war in vielen Teilen nicht von Erfolg gekrönt. Mit den ABM baute sie zu oft »Brücken ins Nichts«. Allzu viele standen später wieder auf der Straße. Als sie vor zweieinhalb Jahren aus den bekannten Gründen die Politik verließ, gestand sie einmal: »Wir haben nichts erreicht, nichts.«

Ist es ein tatsächliches Wunder, dass die Betroffenen ihr das niemals wirklich vorgeworfen haben? Nach der landläufigen politischen Logik hätten sie es tun müssen, und nüchterne Gründe gab es. Als »ABM-Tante« wurde die Ministerin von der politischen Konkurrenz verlacht, obwohl diese Konkurrenz genau wusste, dass die CDU-regierten Länder Sachsen und Thüringen beispielsweise immer deutlich mehr ABM-Stellen besetzt hatten, als Regine Hildebrandt es vermochte. Die Königin der ostdeutschen Herzen war – das lässt sich sachlich belegen – als Sozial- und Arbeitsministerin nicht besonders erfolgreich. Sie vertraute den falschen Leuten, musste sich entschuldigen und wurde von ihrer eigenen Partei gerügt.

»Die Maßstäbe ruhen in mir selbst«, hatte sie einmal gesagt. Das war übel vermerkt worden in den Oberstübchen unserer durchnummerierten Juristenwelt. Die Maßstäbe stehen im Gesetzbuch, im Verordnungsblatt – und wer da eigene aufstellt, ist eigentlich ein Störfall. Was sie als Politikerin gewissermaßen unmöglich machte, das setzte ihr bei den Bürgern einen gewaltigen Stein ins Brett. Wirklich bewegt werden wir alle eben doch nicht von Programmen, Gesetzen oder Regierungserklärungen, sondern von Menschen. Regine Hildebrandt war eine von den begnadeten Persönlichkeiten, an denen Hoffnungen und Sehnsüchte sich kristallisieren. Vor einigen hundert Jahren waren aus solchem Stoff nachmalige Heilige gemacht. Nicht wichtig war, was sie »wirklich« erreichten, wichtig war, wofür sie standen und gehalten wurden. Welche Hoffnungen und Erwartungen sich mit ihnen verbanden. Als Mythos überdauern sie und bleiben in der Phantasie lebendig.

Heute haben Medien die Macht, einen Menschen ungeheuer emporzuheben und schon morgen über den von ihnen gezeugten Nimbus hinwegzuwalzen und ihn in das Nichts zu schieben, dorthin, wo sich alle anderen irgendwann wiederfinden. Wer kennt heute noch Lady Di? Ob in zehn Jahren – über die Familie hinaus – noch jemand von Regine Hildebrandt sprechen wird, ist eine offene Frage. Aber wer, wenn nicht sie, hätte darauf eine Anwartschaft? Gut, sie hat wenig von dem erreicht, was zeitweilig Maßstab ist. Aber sie hat einen wichtigen ewigen Maßstab bedient. Sie hat »jesacht, wie't is«.

Von Spitzenröcken und Schlappen – Regine Hildebrandt und die Mode

»Anziehsachen« waren Regine Hildebrandt schon schnurz, als sie noch Radischewski hieß und von ihrer Mutter nur mit Mühe daran gehindert werden konnte, morgens einfach das wieder überzustreifen, was vom Vorabend auf dem Stuhl lag. Dabei sollte ihre Ministerinnen-Kluft später sogar stilbildend wirken – zumindest für die Hildebrandt-Singers, die Schwägerin Annette Hildebrandt 1999 für den Europa-Wahlkampf der SPD in Sachsen-Anhalt ersonnen hatte. Auch Imitatorinnen von Anke Engelke bis Maren Kroymann machte der sofort identifzierbare »Regine-Look« das Leben leichter: Das vorzugsweise blaue Kostüm mit der vorzugsweise gestreiften Stehkragenbluse wurde zum Markenzeichen wie bei Heide Simonis der obligatorische Hut.

Apropos – Schleswig-Holsteins durchaus modebewusste Ministerpräsidentin hatte ihre liebe Not mit dem modischen Unverstand der Freundin. Auf einem SPD-Parteitag nahm Regine Hildebrandt einmal die zum Rednerpult Strebende beiseite, voller Entsetzen: »Heide, Du musst 'n Rock anziehen, Du kannst doch nicht im Unterrock auftreten!« Dabei war Simonis' weißer Spitzenrock gerade der letzte Schrei. »Dit sah wirklich aus wie 'n Unterrock!«, beharrte die Kritikerin noch Jahre

Zu Hause war Legeres angesagt, und wenn der Termin locker genug war – wie hier bei der Ruderregatta in Potsdam –, durften Jeans und Birkenstock-Schlappen auch mal mit auf die Bühne.

später in der ORB-Talkshow »Brandenburger Treff« mit Cherno Jobatey. »Reine Solidarität«, verteidigte sie auf dem blauen Talk-Sofa ihr Eingreifen – und die ebenfalls anwesende Heide Simonis ergänzte trocken: »Ich hab' ihn trotzdem angelassen.«

Auf so ein Wagnis hätte sich Regine Hildebrandt niemals eingelassen. »Zeitlos und gefällig« mussten ihre Ensembles sein, Chorfreundin Christine Krausmann nahm ihr das lästige Klamottenkaufen ab. »Das höchste der Gefühle war, dass wir sie nach zähem Ringen überzeugen konnten, doch mal 'nen Hosenanzug anzuziehen statt ihrer ewigen Röcke«, erinnert sich Rainer Karchniwy an sein Komplott mit der Freundin. »Und als wir sie endlich soweit hatten, wollte sie den dunklen Anzug gar nicht wieder ausziehen! Ick sage, Frau Hildebrandt, es wird doch bald Sommer, der is doch viel zu warm! Dann durften wir 'nen neuen in Hellgrau besorgen.«

»Sie wollte Menschen tapfer machen«

Deutschlands einzige Ministerpräsidentin HEIDE SIMONIS (58) verlor mit Regine Hildebrandt eine Freundin, der sie in der Potsdamer Nikolaikirche einen bewegenden Nachruf widmete:

Regine Hildebrandt hat ihr Leben vielen Menschen zum Geschenk gemacht. Ihr Leben hat uns offener, stärker und mutiger gemacht. Sie wollte den Menschen Mut geben, Menschen tapfer machen, Menschen aktivieren, Menschen zusammenführen und sie nicht hilflos zurücklassen.

Regine Hildebrandt gab den Menschen ihre Stimme – unverkrampft, unvergleichlich und vor allem unüberhörbar. Eine Stimme, die sie überall dort erhob, wo soziale Kälte, Ungerechtigkeit und Unfrieden herrschte, wo Verzweiflung und Mutlosigkeit um sich griffen, wo Arbeitslosigkeit Schicksal wurde und wo Zukunft verbaut schien.

Sie hatte eine Sprache, die ehrlich, gradlinig, engagiert und authentisch aus dem Herzen kam. Mit einem Inhalt, der die Menschen an ihren eigenen Erfahrungen packte, ihnen die Ernsthaftigkeit eines Problems klarmachte.

Nicht die oberflächlichen, zeitgeistigen Problemchen waren ihr Ding. »Ja wo leben wir denn, wenn schon ein dicker Hintern als schwere Benachteiligung fürs Leben gilt!«, hat sie einmal gesagt. Wo Regine Hildebrandt auftrat, durfte gerne und viel gelacht werden. Und jeder verstand: Ohne Lebensfreude wirst du keines der Probleme lösen!

Die Menschen haben Regine Hildebrandt zugehört, und sie haben sie verstanden. Und sie selbst verstand die Menschen und hat sie geliebt. Sie nahm sich ihrer Sorgen, Ängste und Unzulänglichkeiten an. Unermüdlich, sich nie schonend, suchte sie tagtäglich das Gespräch und die Begegnung.

Regine Hildebrandt sprach ohne Schnörkel, ohne taktische Raffinessen, ohne Rücksicht auf vorgegebene Sprachregelungen. Sie hat es als hohes Lob verstanden, wenn die Menschen sagten: Du hast dich nicht verändert und bist geblieben, wie du warst.

Regine Hildebrandt hat sich nie angepasst und keine falschen Kompromisse geschlossen. Sie hat uns aufgeschreckt mit ihrem feurigen Engagement für die Menschen, die nicht auf der Sonnenseite des Lebens stehen. Sie hat dafür gekämpft und auch viel einstecken müssen. Denn Regine hat sich nie gescheut, in Wespennester zu stechen. Ich erinnere mich an viele gemeinsame Auftritte, wo sie ungeschminkt und offen die Dinge beim Namen nannte.

Ihr ging es nicht um Amt und Würden. Wofür einer stand, war ihr wichtiger als die reine Farbenlehre in der

Sie konnten viel zusammen lachen: Heide Simonis und Regine Hildebrandt auf Cherno Jobateys blauem Talk-Sofa.

Politik. Ihren eigenen politischen Überzeugungen blieb sie treu. Ihre Glaubwürdigkeit war ihr Kapital. Die Sympathie, die ihr entgegengebracht wurde, hat es ihr möglich gemacht, manches deutlicher zu sagen, als es sich andere trauen. Sie war der Beweis dafür, dass sich Mut auch in der Politik auszahlt.

Regine wich vor keinen Widerständen zurück. Das entsprach auch ihrem Lebensmotto: Der Glaube versetzt Berge. Regine war ein Familienmensch. In einem Radio-Interview mit mir kurz nach der Wende hatte sie gesagt, dass ihre Familie ihr wichtigster Kraftquell sei. Heide, du weißt gar nicht, was dir entgeht, meinte sie. Und sie empfahl mir, doch auch noch Kinder zu bekommen. Mein vorsichtiger Hinweis auf mein Alter konnte sie nicht überzeugen. Für sie schien nichts unmöglich.

Musik gehörte zu ihrem Leben, Musik war eine andere Kraftquelle, aus der sie sich nährte. Wie selbstverständlich rückte sie aus dem Rampenlicht öffentlicher politischer Auftritte in die Reihen ihres Dom-Chores. Sie ragte sowohl als unüberhörbares Sprachrohr des Ostens heraus und konnte doch ihren Gesang harmonisch unter viele Stimmen einreihen.

Regine Hildebrandt wird uns allen und mir ganz persönlich fehlen. Ich werde die Gespräche mit ihr vermissen und ihre Schlagfertigkeit, ihren Humor, ihren Spaß an der Politik und ihr Herz mit Schnauze nie vergessen.

Bei aller Trauer, dass wir Regine nicht mehr hören können, wünsche ich mir, dass uns die Erinnerung an sie in unserer politischen Arbeit weiter beflügeln wird, die

Erlebnisse und Erfahrungen mit ihr unsere Entscheidungen auch weiter beeinflussen werden und dass unsere Gedanken zurück an sie uns auch künftig Mut machen, zu richtigen Entscheidungen zu kommen. Das sind wir den Menschen schuldig, für die Regine eine glaubhafte Politikerin war.

»Natürlich wollt' ick's immer noch besser haben« – Regine Hildebrandt und die Kompromissfähigkeit

Am liebsten griff sie nach den Sternen. Regine Hildebrandt kam nach dem Ende der DDR mit der Vorstellung in die Politik, dass jetzt endlich das Gute siegt. Sie wollte das Unmögliche erreichen. Arbeit für alle, würdige Lebensumstände für Alte, Kranke, Schwache, gleiche Chancen und gleiche Löhne für Männer und Frauen, Ossis und Wessis. »Und dann erlebt man, dass von den Flausen, die man hatte, von den Vorstellungen, was alles möglich wäre, herzlich wenig übrig bleibt, weil man einen Kompromiss nach dem anderen machen muss! Das gehört offensichtlich zur Politik dazu«, musste sie schnell erkennen. Aber da Resignation für sie ein Fremdwort war, kämpfte sie eben um die bestmögliche Lösung. »Hauptsache, man ist auf dem richtigen Weg unterwegs, auch wenn's nur in kleinen Schritten vorangeht. Das ist wichtiger, als wenn man einen großen Wurf hat, und von dem setzt man gar nichts durch.«

Was sie da im Frühjahr 2001, kurz bevor sie für ihren »Politikstil, der Menschen mitreißt«, das Bundesverdienstkreuz bekam, so abgeklärt formulierte, musste sie mühsam lernen. Und obwohl sie sich im Grunde ihres Herzens nie ganz mit dem Zweitbesten abfinden wollte, sah sie es immer als eine ihrer wichtigsten Aufgaben an, »mit den Leuten zu reden, um zu sehen, ob die Politik, die man gemacht hat, auch wirklich da unten ankommt«.

Ausgerechnet sie, die Rigorose, zieht durchs Land und erklärt die Kompromisse der Politik? »Jenau so isset, is det nich 'n Witz?«, amüsierte sie sich in unserem letzten Gespräch für den Berliner Kurier. »Aber ich erzähle auch jedem, dass das eigentlich nich mein Ding ist und ich auch immer mehr will. Es nützt aber nichts! Man muss mit dem leben, was man hat, und daraus das Beste machen.«

Aufbruch in die neue Zeit: Regine Hildebrandt ging in die Politik, um das Beste zu erreichen. Als die »Neue Zeit« sie 1993 interviewte, hatte sie schon einige Lektionen in Kompromissfähigkeit hinter sich – und trotzdem das Lachen nicht verlernt: »Na ditt muss doch festjehalten werden«, fand sie beim Anblick des Werbeplakates ausgerechnet an ihrer Hauswand in der Berliner Luxemburg-Straße und holte gleich ihren Mann mit ins Bild.

Dabei hatte sie, als die Medien mit der Ordensverleihung und ihrem anstehenden 60. Geburtstag die Zeit der Bilanzen gekommen sahen, so manches am Erreichten auszusetzen. »Wir hätten verhindern müssen, dass die Ost-Wirtschaft mit der Wirtschafts- und Währungsunion vor die Wand fährt! Der 1:1-Umtausch war der Start in die Massenarbeitslosigkeit«, geißelte sie elf Jahre später das »Grundübel« des Einheitsprozesses. »Selbst Klein-Fritzchen musste wissen: Wer die Währung über Nacht um das 4,3fache aufwertet, macht die ganze Volkswirtschaft konkurrenzunfähig!«

Wo andere seitenweise argumentiert hätten, um die Schieflage zwischen Ost- und Westländern zu erklären, reichten ihr wenige Sätze: »So kamen uns im Einigungsprozess die zwei wesentlichen Dinge abhanden, um an der sozialen Marktwirtschaft teilzuhaben. Wenn ich's böse formulieren wollte, würde ich sagen: Sie wurden uns genommen. Das erste ist Arbeit. Eben so, wie die Ostler sich das vorstellten, als die Mauer fiel: Jetzt ordentlich ranklotzen, damit wir rasch aufholen, reisen können, Häuschen bauen ... Statt dessen wurde die Hälfte von der Arbeit verdrängt. Die zweite Möglichkeit ist die Selbstständigkeit. Doch was braucht man dafür? Kapital oder Sicherheiten. Das haben die wenigsten.« Diese Ungerechtigkeit tat ihr weh, zeitlebens. Und sie kämpfte dagegen an, wo sie konnte.

Böse Zungen behaupteten oft, ihr Kampf erinnere an Don Quichote und die Windmühlenflügel. Andere widersprachen: Sie habe in Brandenburg viel erreicht und mit Arbeitsbeschaffungs- und Strukturanpassungsmaß-

Fester Halt und dann ein Orden: Bevor Manfred Stolpe Regine Hildebrandt das Bundesverdienstkreuz überreicht, unterhalten sich die beiden noch im Foyer der Staatskanzlei. Fürsorglich hält ihr Ex-Chef die Mitstreiterin dabei im Arm.

»Zum Schluss war ick die Letzte, die überhaupt noch dran geglaubt hat!« Optimistisch kämpfte Regine Hildebrandt bis zum Tag der Volksabstimmung für die Fusion Brandenburgs mit Berlin – hier auf einem der zahlreichen Frühschoppen, auf denen Eberhard Diepgen, Manfred Stolpe und Co. die widerwilligen Wähler zu überzeugen versuchten.

nahmen das Schlimmste verhindert. Auch seien letztere ja wohl nur dank ihrer Hartnäckigkeit auf Bundesebene ins Instrumentarium des Arbeitsförderungsgesetzes aufgenommen worden.

Sie selbst zog im Berliner Kurier fast bescheiden Bilanz: »Natürlich wollt ick's immer noch besser haben, siehe Kompromissfähigkeit ... Aber manches gelang ganz gut.« Zum Beispiel die Frauenförderung. »Die war mir sehr wichtig. Es darf nicht sein, dass Frauen im Arbeitsmarkt eine untergeordnete Rolle spielen, nur weil das im Westen so üblich ist!« Also wurden arbeitslose Frauen besonders gefördert – mit Erfolg, der sich in den Arbeitslosenquoten niederschlug: »Zuletzt waren Männer- und Frauenquote in Brandenburg gleich. Ich dachte erst, das wäre ein Druckfehler!«

Bis zuletzt rang sie im Forum Ostdeutschland und im Bundesvorstand der SPD nach ihrem Ausstieg aus der Landespolitik darum, dass alles doch noch ein bisschen besser würde: »Ich betrachte mich nicht als Politiker im Ruhestand, der über allem schwebend seine Ratschläge verstreut. Sondern ich fühle mich für die Entwicklung in den neuen Ländern mit zuständig. Wer mich kennt, der weiß, dass ich mich dabei keinesfalls auf stille Beobachtung beschränke.«

»Du warst wirklich zu schnell«

Brandenburgs SPD-Chef MATTHIAS PLATZECK (49) kennt Regine Hildebrandt seit den gemeinsamen Volkskammer-Tagen, im Herbst 1990 holte Manfred Stolpe beide in sein Kabinett. 1998 gab Platzeck sein Umweltminister-Amt auf, um Oberbürgermeister seiner Heimatstadt Potsdam zu werden. Dennoch blieb die Verbindung eng – aus Freundschaft, und weil die gemeinsame Arbeit im SPD-Landes- und Bundesvorstand weiterging. Bei der Trauerfeier in Potsdam am 4. Dezember 2001 nahm Platzeck in einer sehr persönlichen Rede Abschied:

Wir sind hier in der Nikolaikirche zusammengekommen, um gemeinsam an eine Frau zu denken, die aus Potsdam, aus Brandenburg, aus unserer Mitte eigentlich gar nicht wegzudenken ist. Sie hat unser Land Brandenburg geprägt wie keine Frau vor ihr.

Regine Hildebrandt war für jeden, der mit ihr umging, eine Herausforderung. Inhaltlich, politisch sowieso und immer auch in Sachen Ausdauer und Durchhaltevermögen. Es war nicht unehrenhaft, wenn man aus einer Runde mit ihr kam und zugab, man habe sich nicht durchsetzen können. Nein, sagten dann meist die anderen, das können wir gut verstehen, oder nein, das haben wir auch nicht erwartet.

Typisch waren da Vorgänge etwa der Art: Regine Hildebrandt wollte mich von etwas überzeugen, was ich völlig anders sah – das kam ja vor. Ich habe versucht dagegenzuhalten, und so sind wir auseinandergegangen. Nun lief die Zeit, und man konnte wetten, zwei Stunden später klingelte das Telefon, sie war dran, und der erste Satz lautete sinngemäß: »Sag mal, das kann doch nicht sein, das musst du doch einsehen …« Und dann ging alles von vorne los.

Ich glaube, es ist falsch, wenn wir sagen, es wäre Regine Hildebrandt nicht auch um sich gegangen, wenn sie rackerte, sich einsetzte, wenn sie vermeintlich an mehreren Orten im Land gleichzeitig war. Jedem Menschen geht es auch um sich. Das Wertvolle, Schöne, das eher Seltene an ihr war ja, dass »ihr's« immer eng verwoben war mit den Angelegenheiten der anderen.

Wenn es für Regine Hildebrandts Leben eine Überschrift zu finden gäbe, könnte sie lauten »Der Sinn des Lebens liegt im Miteinander«. Sie hat genau dies gelebt, privat im Mehrgenerationenhaus, im Chor, im Freundeskreis und auch öffentlich. Unzählige ihrer Vorhaben, Projekte und Reden hatten und haben genau das zum Inhalt. Sie hat den Menschen immer wieder zugerufen, packt es an, packt es zusammen an – zusammen kann es gelingen, und mehr Freude macht es allemal. Die Tendenz unserer Zeit zur Individualisierung war ihr ein Graus – jeder für sich alleine, das fand sie einfach nur fürchterlich.

Außer dieser Sicht des Lebens hat mich noch etwas anderes sehr mit Regine Hildebrandt verbunden, etwas, das mancher auf den ersten Blick beim Stadtkind Regine gar nicht vermutete, nämlich die große Liebe zur Natur und auch die immensen Kenntnisse der Vorgänge und Zusammenhänge in der Natur. Wenn es um den Schutz der Landschaft, wenn es um die Vielfalt der Lebewesen ging, hatte man in Regine Hildebrandt immer einen zuverlässigen, starken Partner. Und in die Herzen der Naturschützer meines damaligen Hauses hat sie sich gleich am ersten Tag, beim ersten Besuch tief eingegraben, als sie auf ihre fröhliche Art sagte: »Ich mach euch jetzt mal die Goldammer.« Das war der erste Satz in diesem Hause.

Regine hatte immer alle Antennen ausgefahren. Wer meint, sie hätte nur mitgeteilt, der verkennt, dass sie um sich herum alles förmlich aufgesaugt hat, was das Leben ausmacht. Weil sie auch geduldige Zuhörerin war, weil sie immer mittendrin war, hatte sie nicht nur das Wissen um viele Sachverhalte, sondern meist auch das richtige Gefühl. Jede Information, jedes Signal wurde unverzüglich auf den Gehalt abgeklopft. Geadelt wurde eine Nachricht dann, wenn sie auf einen kleinen Zettel geschrieben wurde und in die legendäre Mappe hinein kam – die Mappe, aus der heraus Regine Hildebrandt jederzeit mit Zahlen, Daten und Fakten die Welt in allen Facetten erklären konnte.

Ich möchte noch ein kleines Erlebnis aus den letzten Tagen in Nürnberg Revue passieren lassen, den Tagen – und dafür bin ich sehr dankbar –, die ich mit Regine Hildebrandt und an ihrer Seite verbringen durfte. Sie eilte zu einem Forum im Nebensaal, und auf dem Weg

Katastrophen-Schutz: Im Hochwasser-Sommer 1997 traf sich »Deichgraf« Matthias Platzeck zwischen den Sandsäcken mit Kabinettskollegin Hildebrandt.

dorthin war sie hingefallen. Sie hatte sich das Knie aufgeschlagen, ich wurde benachrichtigt und bin hin. Vier Sanitäter mühten sich um Regine Hildebrandt, und noch ehe ich sie hinter den Rücken der Sanitäter sehen konnte, rief sie mir entgegen: »Mach dir man keine Sorgen, ich bin nur die Treppe hochgefallen« – sie sagte natürlich »ruffjefallen«. »Allemal besser als diese Treppe 'runterfallen, na, das hätte ein Chaos gegeben hier!« Und sie redete weiter: »Du, ich war wieder mal zu schnell, das ist schon immer mein Problem auf dieser Welt.« Vier, fünf Sätze nur, aber doch die ganze Regine. Sie ging frisch verbunden zum Forum und dominierte das natürlich.

Regine Hildebrandt – Du warst wirklich zu schnell, zu schnell weg von dieser Welt. Obwohl – richtig weg sein wirst Du nicht, denn vieles in diesem jungen Brandenburg bist Du, ist Teil von Dir – an vielen Stellen werden wir Dich sehen, werden wir Dich hören, und wir werden dann wissen, was wir zu tun haben. Das verspreche ich Dir.

»Mit ihr gab's immer was zu lachen!« Diesen Satz hört man oft, wenn man Leute, die sie kannten, heute nach Regine Hildebrandt fragt. Ihre Themen brachte sie mit Humor unters Volk. »Warum dauert die Schulzeit bis zum Abitur im Westen 13 Jahre und im Osten nur 12?«, fragte sie einmal in einem Gespräch über das Unverständnis zwischen Ossis und Wessis. Und antwortete gleich selbst: »Weil da ein Jahr Schauspielunterricht mit bei is!«

Bad Freienwalde, helau! Schwester Regine amüsiert sich beim Karneval mit Polier Hartmut alias Bauminister Meyer.

Kaum wiederzuerkennen: Für die »Hildebrandt-Singers« verkleiden sich Sohn Jan (links) und Tochter Elske (rechts) als ihre eigene Mutter (Mitte)!

Leute wie sie brauchten den allerdings gar nicht – im Karneval brillierte das Naturtalent am 11. 11. 1995 als »Krankenschwester Regine« in der Bütt zu Bad Freienwalde. Ihre Entertainer-Qualitäten kamen in Wahlkampf-Auftritten und Talkshows ohnehin bestens zur Geltung, und als ihre Schwägerin 1999 die Hildebrandt-Singers erfand, führte der Familienclub im Regine-Look nicht nur zu umlagerten Freilichtbühnen im Europawahlkampf, sondern auch später zu gefüllten Konzertsälen. Die Leute strömten, um Regine Hildebrandt und die Ihren »Lebens- und Liebeslieder von Abba bis Monteverdi« singen zu hören. Wenn die Musiker – und ihre Frontfrau erst recht – ihre Hauptberufe aufgegeben hätten, wer weiß, ob sie nicht die Charts hätten stürmen können?!

»Pappnasen« unter sich: Sieht fast aus, als wäre Regine Hildebrandt gerne mit »Eddy+Locci« und dem Kinderzirkus auf Europa-Tournee gegangen …

Sich selbst nicht so ernst nehmen, jeden Spaß mitmachen – was manche Berater ihren Politikern flehentlich ins Stammbuch schreiben, lebte Regine Hildebrandt ganz selbstverständlich. Wenn Rolf Zukowsky bei einer Veranstaltung mit Kindern sang, sang sie eben mit oder griff im Seniorenheim gleich selbst zur Klampfe, um das Lied zu begleiten. Und zur Clowns-Polonaise vor dem Ministerium zog sie natürlich die Pappnase über! Auch beim sommerlichen Pressetermin zur Vorstellung der Brandenburger Badestellenkarte konnten sich die Fotografen, wenn außer dem Umweltminister auch die Sozialministerin angekündigt war, freuen – auf lustige Bilder mit wassertretenden strammen Waden. Denn eitel war sie schon gar nicht. Als der Ostdeutsche Rundfunk Brandenburg 1997 den »Rasenden Reporter« auf Silves-

Singe, wem Gesang gegeben: Gemeinsamer »Auftritt« mit dem Kinderlieder-Star Rolf Zukowsky.

ter-Tour schickte und Regine Hildebrandt auf der Caputher Fähre ein Überraschungs-Prosit mit ihrem Mann Jörg bescheren wollte, hatte das Fernseh-Team mit einem nicht gerechnet: »Es war lausig kalt, minus zehn Grad, und Frau Hildebrandt dachte, das Ganze findet im Saale statt. Also hatte sie keine warme Jacke mit, keine Handschuhe, nur so dünne Schuhe an …«, erinnert sich Fahrer Karchniwy an die eisige Aufzeichnung. Zum Glück konnte er mit dem Wintermantel seiner Frau und seinen eigenen Handschuhen aushelfen. Nur die Füße froren ein … »Also ging sie zwischendurch ins Fährhaus und fragte nach einer Schüssel mit warmem Wasser. Schwupp, Strumpfhose aus und Fußbad gemacht – dann ging's weiter. So unkompliziert war das.«

Prost Neujahr! Mit ihrem Mann als Überraschungsgast feiert Regine Hildebrandt ins Jahr 1998 hinein – für den »Rasenden Reporter« des ORB (rechts) schon ein paar Tage vor Silvester.

Noch wenige Wochen vor ihrem Tod nahm sich Regine Hildebrandt selbst auf die Schippe, als sie mit der Kabarettistin Maren Kroymann eine heitere Folge für die Gerichts-Show »Streit um Drei« drehte: Als Politikerin Hildebrandt klagte sie drehbuchgemäß gegen die »unautorisierte« Doppelgängerin Kroymann, die nach zwei bezahlten Auftritten als Hildebrandt-Double von dieser Rolle nicht mehr lassen wollte. »Dass sie als ›ich‹ ausgerechnet auf dem CDU-Parteitag als Gastrednerin spricht, das geht ja nun wirklich zu weit!«, schimpfte die echte Regine in die Kamera – und gewann den Prozess natürlich.

Die Beliebtheit ist ihr nie zu Kopf gestiegen, meist sah sie sich ihre Auftritte im Fernsehen nicht mal hinterher an (»Ick hab doch keinen Fernseher!«). Verfasser von Zeitungs-Berichten hingegen hatten größere Chancen auf einen Kommentar: »Nu muss ick aber mal mit dem Kurier ernsthaft schimpfen!«, begrüßte sie mich zu einem Interview und beschwerte sich erst mal ausgiebig über den »völligen Quatsch«, den sie jüngst über sich und den angeblich hochdramatischen Verlauf ihrer Krankheit lesen musste. Was war ich damals froh, dass ein Kollege den Artikel geschrieben hatte …

»Was sie nicht wollte, wollte sie nicht.
Aber was sie versprach,
das hielt sie auch.«

Konsequent, geradlinig, nicht zu verbiegen: Ihre vielgerühmten Eigenschaften wurden Regine Hildebrandt auch manchmal als Sturheit ausgelegt – zum Beispiel wenn sie partout nicht auf die angebotene Fußbank steigen wollte, um über ein hünenhaftes Rednerpult blicken zu können. »Was sie nicht wollte, wollte sie nicht!«, bestätigt der SPD-Fraktionsgeschäftsführer Wolfgang Klein, der das jedoch als »Wahrhaftigkeit« interpretiert.

Zum Beweis liefert er eine kleine Begebenheit aus dem Landtagswahlkampf 1999: »Wir hatten damals eine Veranstaltung in Vielitz, einem kleinen Ort bei Neuruppin. Regine sollte auch kommen, verspätete sich aber um gut anderthalb Stunden. Geduldig harrte der ganze Saal aus, alle wollten Regine sehen. Um halb acht kam sie endlich, trat ans Mikrofon und redete, redete, redete. Als sie kurz mal Luft holen musste, nutzte der Bürgermeister die Gelegenheit, um sie zu fragen: ›Haben Sie denn unsere Plakette am Ortsschild gesehen? Wir wurden als familienfreundlichste Gemeinde Brandenburgs ausgezeichnet!‹ Darauf sagte Regine: ›Ach, Sie wissen doch, dass ick im Auto immer Akten lese, da habe ick gar nicht drauf geachtet. Aber auf dem Rückweg seh' ick sie mir gleich an.‹«

Eigentlich hatte die Wahlkämpferin nur eine Stunde für Vielitz eingeplant. Sie blieb bis halb zwölf. »Natürlich musste ich da genauso lange bleiben«, erinnert sich Klein. »Als wir dann gemeinsam aufbrachen, fuhr ich hinter ihrem Wagen her und dachte noch so: Na, ob sie wohl an das Schild denkt? Und tatsächlich! Am Dorfeingang ließ sie anhalten. Jeder andere hätte sich um diese Zeit gedacht, was soll's, jetzt geht's nach Hause. Aber sie ließ das Auto sogar wenden, damit die Scheinwerfer diese alberne Plakette beleuchteten.«

Was sie versprach, hielt Regine Hildebrandt. Selbst wenn wohlmeinende Kollegen längst anders entschieden hatten. »Wenn sie einen Termin, den sie zugesagt hatte, nicht in ihrer Tagesmappe vorfand, konnte sie richtig ungemütlich werden«, erzählt Fahrer Karchniwy von so mancher Kursänderung: »Warum fahr'n wa'n da nicht hin? Ick hatte doch zugesagt!« Das wusste sie alles aus dem Kopf! Dann rief sie sofort in ihrem Büro an – warum habt ihr das denn gestrichen? Dabei wollten die sie nur entlasten. Aber sie wollte nicht geschont werden, nie. Und danach sind wir also zu dem Termin hingefahren, auch wenn das alles durcheinanderbrachte. Wenigstens für zehn Minuten. Versprochen war versprochen!«

Kaum zu sehen, aber immer zu hören: Bei der Grundsteinlegung für die Kurklinik Bad Freienwalde wollte sich Regine Hildebrandt auf keinen Fall größer machen, als sie war.

Nicht zu Wort gekommen

LOTHAR BISKY (60), PDS-Fraktionsvorsitzender im Brandenburger Landtag, erlebte Regine Hildebrandt als eine Frau, die »Charakter zeigte in einem Meer von Opportunismus«. Doch gegen ihre Berliner Schnauze kam er nicht an:

Als die große Demonstration »Aufstand der Anständigen« im November 2000 in Berlin stattfand, stand ich in einem Bus, der uns zur Tribüne fuhr, neben einem Juso, der mit mir ins Gespräch kam. Da er mich kannte, kamen wir rasch in eine angeregte Unterhaltung über die Landespolitik in Brandenburg. Natürlich sprachen wir auch über Regine Hildebrandt. Seine Erfahrung mit ihr teilte er mir mit. Er habe sich um Unterstützung für ein Projekt an sie wenden wollen. Da er aber Platzeck traf, der ihm erzählte, dass er am nächsten Tag mehr als eine Stunde allein mit Regine Hildebrandt reden würde, bat er ihn, sein Anliegen um die Unterstützung des Projektes bei ihr vorzubringen. Platzeck meinte, dies sei kein Problem, und sicherte das zu. Nach einer Woche habe er Platzeck wiedergetroffen und gefragt, ob er sein Anliegen weitergeleitet habe. Platzeck bedauerte, dass er in der einen Stunde nicht zu Wort gekommen sei. So wisse Regine Hildebrandt bis heute nichts von dem Projekt. Der junge Mann erzählte das mit großem

Respekt und nur, um ihre Redeweise zu charakterisieren.

Ich nahm mir vor, Regine Hildebrandt davon zu erzählen und so dem jungen Mann zu helfen. Der Zufall wollte es, dass ich sie noch vor der Tribüne traf und auf dem Weg zu den Bänken ein längeres Gespräch mit ihr hatte – bis eine Gruppe von Frauen sie in ihre Mitte nahm. Ich setzte mich auf eine der Bänke. Und stand gleich wieder auf: Ich wollte ihr doch etwas erzählen! Und ich war nicht zu Wort gekommen! Und sie war schon wieder weit weg und in ein neues Gespräch vertieft. Ob sie je vom Projekt des jungen Mannes erfahren hat?

Lothar Bisky

Regine Hildebrandt und »die Leute« – Übers Reden und Zuhören

Wo Regine Hildebrandt hinkam, stand sie im Mittelpunkt. Automatisch. Ihr Witz und ihre Wortgewalt sorgten dafür, da brauchte sie sich gar nicht nach vorn zu drängeln. Was sie ohnehin nicht tat – und wohl auch gar nicht geschafft hätte, denn unterwegs traf sie ja lauter »Leute«, die ihr Interesse weckten. Menschen wie du und ich, die ihre Hilfe brauchten, ihr danken oder mit ihr reden wollten. »Die Leute« – das waren die wichtigsten Gesprächspartner für sie.

Unterhaltung in der Pause: Mit Thomas Freitag bei der Aufzeichnung des MDR-Jahresrückblicks 1996.

Nicht verwandt und nicht verschwägert: Dieter und Regine Hildebrandt plaudern nach dem »Scheibenwischer«.

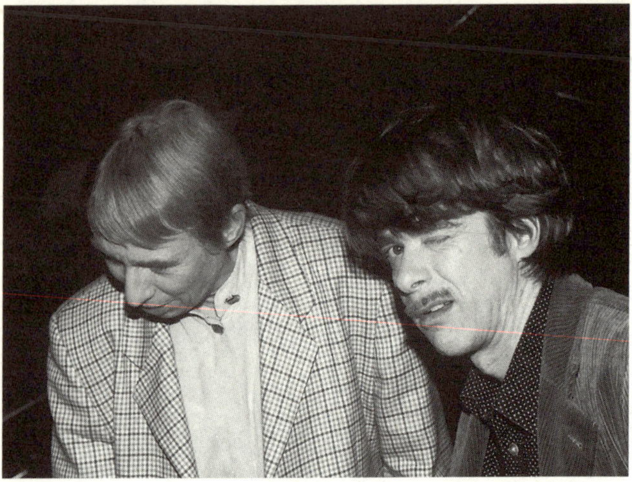

Immer Zeit für ein Augenzwinkern: Regine Hildebrandt macht vor der SFB-Sendung »Alex« Faxen mit Helge Schneider.

Sie pfiff auf die Regeln der »Mediengesellschaft«, in der Politiker um so wichtiger sind, je öfter sie im Fernsehen erscheinen oder sich mit Prominenten zeigen. Es gibt mittlerweile Statistiken darüber, wie viel besser ein Politiker nach einigen prominent platzierten TV-Auftritten in der nächsten Beliebtheitsumfrage abschneiden kann. So was brauchte die Hildebrandt nicht. Sie lag immer vorn, selbst als sie gar kein Amt mehr hatte.

Natürlich war sie trotzdem immer wieder selbst in Talkshows zu sehen. Doch ihr war klar: »Dort macht man keine Politik, da kommt's auf Zuspitzung und Konfrontation an.« Also ging man am besten erst hin, wenn die wichtigen Dinge längst im Hintergrund entschieden waren – um »den Leuten« dann das Ganze zu erklären. Wie die Entscheidung zustande kam und wa-

Promis im Profil: Bei derselben »Alex«-Sendung im Dezember 1996 trifft die Ministerin auch Harald Juhnke.

rum nicht mehr zu erreichen war. Aber das Thema Kompromissfähigkeit hatten wir ja schon. »Das Erklären ist fast wichtiger als die Politik selbst«, sagte sie einmal. Und dafür war das Fernsehen gut – schließlich kann nicht einmal jemand, dessen Mundwerk gerne mit einem Maschinengewehr verglichen wurde, mit Millionen Bürgern einzeln sprechen.

Hinter den Kulissen der Talkshows hat Rainer Karchniwy seine Chefin auch immer wieder mal fotografiert. Beim Sichten der Bilder fällt auf, dass sie meist mit Leuten beisammen ist, die Humor, Satire, Wortwitz verkörpern. Heiße Debatten mit dem Eulenspiegel-Humoristen Hansgeorg Stengel sind da zu sehen, aufmerksames Zuhören an der Seite Harald Juhnkes, Diskutieren mit Thomas Freitag. Und die Einladung Dieter Hilde-

Tiefgründiger Humor: »Fachgespräch« mit Hansgeorg Stengel.

brandts zum »Scheibenwischer« ließ sie sich schon gar nicht entgehen – »Is doch klar, als Namensvetter!« Doch gemessen an Karchniwys großer Foto-Sammlung sind Aufnahmen mit solchen »Promis« selten. »Den Leuten« widmete sie den größten Teil ihrer Zeit, weil sie ihr einfach wichtiger waren.

Sozialhilfeempfänger oder Star – auf Augenhöhe sprach sie mit allen. Sonderbehandlung war ihr höchst suspekt. »Einmal in Bonn sausten wir mit der gleichen Logistik wie Honecker durch die Stadt: Ampeln auf Grün, Polizei vorneweg, Protokollstrecke«, erinnerte sie sich an ihre ersten Tage als Ministerin der letzten DDR-Regierung. »Da habe ich gleich meinem Fahrer gesagt: Wir fahren da nicht mit. Also sind wir seitlich rumgekurvt, weil ich das so unerträglich fand.«

»Außergewöhnlich seltsam«

PETER WINKELMANN (62) leitete ab 1993 Regine Hildebrandts Büro im Sozialministerium. Ihr engster Mitarbeiter folgte ihr nach ihrem Rückzug aus der Landespolitik 1999 auch ins Willy-Brandt-Haus und koordinierte dort bis 2001 ihre Arbeit im Forum Ostdeutschland der SPD.

»Gucken Sie mal – Frühblüher!« Mit diesem Ausruf ließ die Ministerin auf dem Weg zu einem auswärtigen Termin in Brandenburg den Wagen anhalten. Wenige Tage vorher, am 1. April 1993, hatte ich meine Tätigkeit als

Enge Vertraute: Peter Winkelmann mit der Hausherrin vor dem Hildebrandtschen Kamin in Woltersdorf.

Büroleiter begonnen, nun stakste ich also mit ihr gemeinsam durchs Unterholz und besichtigte Frühblüher. Politik war mir aus Bonner Jahren durchaus vertraut, Politiker ebenso. Dies hier schien mir außergewöhnlich seltsam. Ich wunderte mich noch einige Wochen über ähnliche Ereignisse, dann begann ich, diesen Stil als normal zu akzeptieren – sehr zu meinem Vorteil.

Ich habe in der Folgezeit gelernt, wie ein Pirol ruft. Ich habe unter sachkundiger Anleitung die Monde des Jupiters gesehen. Ich lernte, was ein Broiler ist, dass Frankfurter Kranz ganz hervorragend schmeckt, wenn man statt Mandeln geröstete Haferflocken nimmt. Und wie mühsam es ist, Polikliniken der DDR zu retten, obwohl sie (heute unter dem Namen Gesundheitszentren) als wegweisend gelten. Ich begriff, warum wir (da dachte ich schon »wir«!) großdimensionierte Krankenhaus- und Altenheim-Investitionsprogramme brauchten. Bei alldem bekam ich einen Intensivkurs in Ostdeutschland und Ostdeutschen – wie üblich höchst praktisch und hautnah. Und ich erlebte, dass eine Großfamilie nicht nur ziemlich strapaziös, sondern auch herzerfrischend sein kann.

Ich hatte mein Wissen und meine Erfahrungen mitgebracht, aber damit musste ich eher behutsam umgehen. Allein der Begriff »Taktik« konnte Regine Hildebrandt auf die Palme bringen, und für »Sprachregelung« galt das gleiche. Als ob Letzteres bei ihr nicht ohnehin hoffnungslos und obendrein falsch gewesen wäre … Also habe ich viele Fakten gelernt? Das und mehr. Denn: Regine Hildebrandt »wusste« anders. Nicht nur mit dem Kopf, sondern mit dem Herzen.

Von Störchen, Leberblümchen und Unkraut – »Natürliches Arbeiten« mit Regine Hildebrandt

Soziales lag ihr am Herzen, aber als Umweltministerin hätte Regine Hildebrandt sicher auch keine schlechte Figur gemacht. »Da, 'n Storch!«, machte sie oft ihren Fahrer auf das Leben rechts und links der Autobahn aufmerksam. Mit der Zeit bauten die beiden das Storchzählen zum Wettbewerb aus: Wer die meisten Störche sah, hatte gewonnen. »Oder Wildgänse und Kraniche, sie wusste immer, wo die ihre Plätze haben«, erzählt Karchniwy, der mit ihr die Vögel nicht nur zu sehen, sondern

Kraftvoll zubeißen nach der Ernte: Regine Hildebrandt und Detlef Affeld genehmigen sich einen Zwischendurch-Snack am hauseigenen Apfelbaum.

auch zu hören bekam. Die Vogelstimmen-Imitationen der Biologin waren weithin berühmt und erfreuen die Herzen ihrer Fans bis heute – im Internet (www.regine-hildebrandt.de). Mitten in einer wichtigen Sitzung, die bei offenem Fenster stattfand, hielt es sie plötzlich nicht mehr auf ihrem Stuhl: »Hört, hört, hört, ein Grünspecht!«, rief sie begeistert durch den Saal. »Das ist was ganz Seltenes in unseren Breiten!«

Zum 60. Geburtstag wünschte sie sich von ihrer SPD einen Korb mit Rittersporn-Raritäten des legendären Züchters Karl Foerster, aber ihre Lieblingsblumen waren viel unscheinbarer: Sobald der letzte Schnee geschmolzen war, hielt sie im Unterholz Ausschau nach Frühblühern. Winterlinge, Leberblümchen, Anemonen – all die kleinen Blüten, die im Frühling die Hoffnung zurückbringen. »Manchmal ließ sie unterwegs kurz anhalten und wir stapften durchs Gebüsch«, erinnert sich der Mann am Lenkrad. So manchem ahnungslosen Mitpassagier kam das alles ziemlich merkwürdig vor …

Und auch beim »Innendienst« im Ministerium blieb der wache Blick fürs Grün drumrum. Zur Erntezeit stürmte sie mit ihrem Staatssekretär Detlef Affeld das Apfelbäumchen am hauseigenen Parkplatz: Eins, zwei, drei, ganze vier Äpfel hingen daran! Üppiger wucherte dafür das Unkraut im Blumentopf vor der Eingangstür. »Tagelang hat sie sich darüber aufgeregt, dass es keinen störte und es nie einer wegmachte«, kommentiert Karchniwy eines seiner Lieblingsfotos. »Irgendwann abends vor der Heimfahrt hat sie dann kurzerhand selber alles rausgerupft.«

Selbst ist die Frau: Wenn der Gärtner versagt, rückt die Chefin eben selbst dem Unkraut zuleibe.

»Die Jupitermonde sind gerade ganz toll zu sehen!« – Gestirne und andere Freuden

Weitblick bewies Regine Hildebrandt vor allem in politischen Fragen – den Blick ins Universum riskierte sie mit ihrem Schulfernrohr aus DDR-Zeiten, das auch im Woltersdorfer Haus griffbereit im Wohnzimmer stand. »Nichts dollet, aber beim Jupiter können Se immer vier, fünf Monde beobachten oder jetzt beim Saturn den Ring so schön sehen – das ist schon unwahrscheinlich«, schwärmte sie mir bei unserem letzten Interview vor.

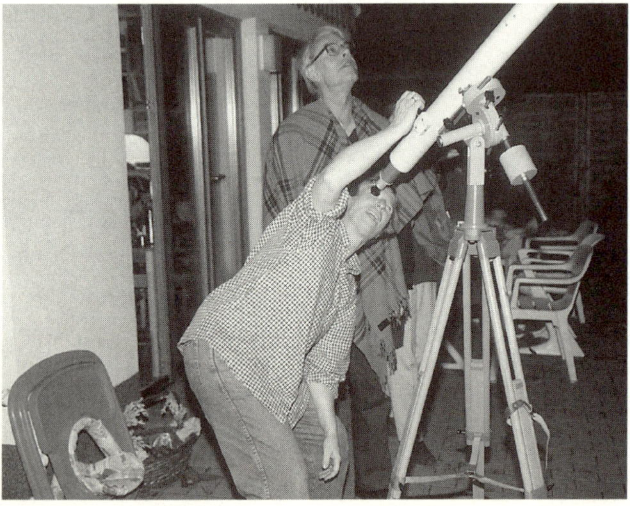

Himmelsguckerin in ihrem Element: Regine Hildebrandt zeigt ihrem Büroleiter und Freund Peter Winkelmann die Sterne über Woltersdorf.

Schade, dass es draußen noch so hell war, bei entsprechender Tageszeit wurden astronomische Laien auf der Terrasse mit viel Geduld angelernt.

Auch die Hildebrandtsche Mineraliensammlung, die sich über die Jahre bis aufs Kaminsims ausgebreitet hatte, bekamen interessierte Besucher gerne erklärt. Meist staunten die dann über die vielseitigen Interessen der Gastgeberin – von Sport, Chor und ihrer Leidenschaft zur Naturbeobachtung, Vogelstimmen-Imitation und zum Pilzesammeln war ja bereits an anderer Stelle die Rede oder wird noch zu lesen sein –, die sie selbst einmal in einem »Hobby-Alphabet« festhielt. Die Aufstellung erschien in ihrem 1997 veröffentlichten Buch »Herz mit Schnauze« und reichte von A wie Architektur bis Z wie Zelten. Lediglich unter X und Y wies sie keinen Eintrag auf – aber wer Klavierspielen kann, braucht ja schließlich kein Xylophon!

Den Buchstaben R verknüpfte Regine Hildebrandt in dieser Liste mit »Reisen«, und das, erzählte sie mir bei besagtem Interview, tat sie schon als Kind gerne. »Mit 'm Finger auf der Landkarte, hat meine Mutter immer gesagt. Ick könnte noch immer stundenlang vor der Weltkarte sitzen und gucken, Mensch, da müssteste auch noch mal hin.« Denn als das Reisen endlich möglich war – Polen und andere östliche Nachbarstaaten hatte die Familie natürlich vor dem Mauerfall erkundet –, ließ die Politik kaum Zeit dazu. »Wir haben uns dann doch getraut, Urlaub zu machen, obwohl man ja immer gar nicht weg wollte.« Also ging's ab ans Nordkap – in »eindreiviertel Wochen, wir sind 800 Kilometer pro Tach gefahrn, aber man hatte es gesehen!«. Oder nach Griechenland: »Da sind wir gefahren, wie wir immer gefahren sind – nach Bulgarien, bis dahin kam man ja, und denn war da die Welt mit Brettern vernagelt. Nu konnten wir endlich sehen, wo die Straße hinführt!«

»Ach, da könnt' ick doch noch schnell ...« – Zeitmanagement à la Hildebrandt

Noch fünf Minuten die Sorgen des Gegenübers anhören, noch kurz einen Rat geben oder eine Bitte notieren: Regine Hildebrandt kam selten pünktlich irgendwo an. Und schon gar nicht pünktlich wieder weg. Dafür machte sie den permanenten Zeitdruck auf ihre Art

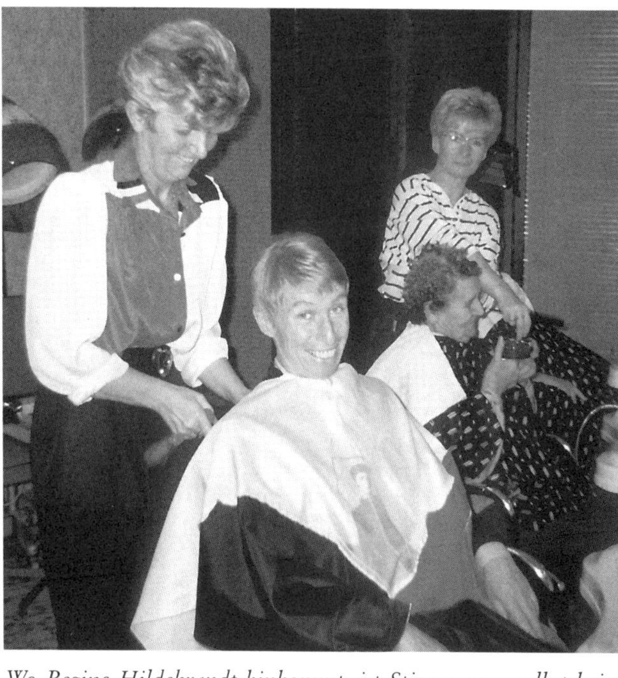

Wo Regine Hildebrandt hinkommt, ist Stimmung – selbst beim Friseurbesuch auf die Schnelle in Potsdam-Babelsberg.

Das Vier-Generationen-Haus

wett: Den überfälligen Friseur-Besuch arrangierte ihr Fahrer spontan zwischen zwei Terminen (Karchniwy: »Ick habe einfach beim Friseur meiner Frau angerufen, könn' wir kurz kommen? – Klaaar!«), notwendige Heimwerker-Arbeiten (»Herr Karchniwy, bringen Sie mal bitte Ihre Schleifmaschine mit, wir müssen unser Parkett abschleifen!«) fanden nächtens nach Feierabend statt.

Selbst nach Ladenschluss ließen sich notfalls beim befreundeten Drogisten noch Farbe und Pinsel organisieren, wenn der Chefin auf der Heimfahrt nach einer Veranstaltung einfiel: »Ach, mein Mann ist ja bis morgen auf Dienstreise, da könnt ick doch noch schnell das Zimmer weißen!« Nach 12- bis 14-Stunden-Tagen mal die Beine hochlegen? Kam ja gar nicht in Frage! Selbst »Leerlauf«

Die Kellerdecke im neuen Haus wird noch rasch zwischendurch geweißt.

zwischen Terminen wurde optimal genutzt. In der Hausbau-Phase waren auch mal Abstecher nach Woltersdorf willkommen, wenn's auf dem Weg lag: »Was, der nächste Termin ist erst in zwei Stunden? Na, da fahr'n wa doch noch kurz bei mir vorbei, denn kann ick noch zwee Wände malen!«

Essen? Keine Zeit!

Kochen und Backen für die ganze Familie und alle Gäste, die sonst noch gerade da waren – kein Problem für Regine Hildebrandt. Das erledigte sie alles so nebenbei. Bis sie sich mal in der Badewanne den Arm brach, ausgerechnet kurz vor Weihnachten: »Da essen wir ja immer soviel Geflügel, und das muss ja nun zurechtgemacht werden«, erzählte sie im Januar 2001 in der Johannes-B.-Kerner-Show. »Früher hat ja überhaupt keiner gemerkt,

Der Hang zum Schnell-Imbiss weist die Berlinerin aus: Ein schneller Rollmops auf die Hand, wie hier bei einem Empfang mit Manfred Stolpe, war Regine Hildebrandt am liebsten.

was das für 'ne Arbeit macht: Heiligabend vier Enten, ersten Feiertag eine Gans, zwei Enten, zweiten Feiertag eine Pute, eine Ente – da können Sie sich ja vorstellen, jeden Abend sitzen sie da mit dem ganzen Viehzeug. Nu hab' ich das ja immer gemacht, ohne dass es jemand gemerkt hatte – na, diesmal haben sie's alle gemerkt, da mussten se mit ran!«

Im Dienst dagegen lehnte sie übermäßigen Aufwand ab. »Nee, nee, wir gehn gleich los!«, trieb sie so manchen Bürgermeister an, der zunächst zum Mittagessen im Gasthof bitten wollte. Steh-Empfänge und Buffets waren ihr lieber, als Zeit beim Tafeln zu verschwenden. »Wenn se dabei reden und weitergehen konnte, war alles ok«, resümiert Fahrer Karchniwy, der auch für die Beschaffung ihrer legendären Äpfel zuständig war.

Einzige Ausnahme: Beim Frühstück war der Zeitbegriff dehnbar ... »Es ist ja bekannt, dass sie keine Frühaufsteherin war«, sagt Karchniwy. »Meist kam ich morgens rein, um sie abzuholen, da saß sie noch am Frühstückstisch und fragte: ›Wieviel Zeit ham' wa noch?‹ – ›Naja, drei Minuten‹, sag ich. Oder ich hatte schon auf der Hinfahrt angerufen: ›Frau Hildebrandt, das wird knapp, wir müssen gleich los!‹ Da dachte ich immer, na, dann weiß sie ja und macht schneller – aber bevor ich nicht zur Tür reinkam, isse nicht vom Tisch aufgestanden.«

Bloß nicht durch Essen ablenken lassen! Aufmerksam zuzuhören war der Sozialministerin auch bei der Eröffnung der als Werkstatt für Behinderte betriebenen »Gärtnerei an der Elster« wichtiger als die Früchte des Obstbüfetts.

»So jeht det aber nich! Die Leute könn' uns doch jarnich sehn!«

HANS JÜRGEN FINK (59) war von 1990 bis 1994 der erste Landeskorrespondent des Deutschlandfunks in Brandenburg. Zur Wende-Zeit war er in Berlin – Hauptstadt der DDR – akkreditiert. Dort lernte er Lothar de Maizières Sozialministerin als Gesprächspartnerin kennen, die »so klar und offen wie kaum ein anderer DDR-Politiker die wunden Punkte im deutschen Einigungsprozess thematisierte«. Sein letztes Interview mit Regine Hildebrandt führte er im Sommer 2001: Als »Interview der Woche« wurde es am 17. Juni im Deutschlandfunk ausgestrahlt (nachzulesen im Internet unter www.dradio.de):

Wir haben es ein paar Tage vorher aufgezeichnet, es war ziemlich schwer, einen Termin zu bekommen – Regine Hildebrandts Kalender quoll wie immer über … Aber nach zwei, drei Anläufen hatte ihr Büro es geschafft, den Tag freizuschaufeln, allerdings mit der Maßgabe, dass ich sie zu Hause abhole.

Ich kam also nach Woltersdorf, morgens um zehn, wie verabredet. Frau Hildebrandt hatte gerade mit dem Frühstück begonnen. Wir waren schon spät dran, aber sie hatte da in ihrem Wohnzimmer ein sehr schönes Plätzchen, direkt am Fenster, mit Blick auf den See. Sie sagte: »Sie treffen mich in meinem glücklichsten Moment, beim Frühstück morgens mit der Zeitung.« Also, da blieb mir gar nichts anderes übrig, als mich dazuzusetzen. Es gab Kaffee und Tee, der Toaster stand hinter meinem Rücken, da hab ich die Schnitten geröstet und ihr dann rübergereicht – das war eben alles so selbstverständlich, als ob ich immer schon zur Familie gehört hätte. Während sie von ihrem Honigbrot abbiss, ging's natürlich sofort los: »Na sagen Se mal, wat sagen Se denn nu zu den Berlinern?«

Damals war gerade die große Koalition am Ende, mit Hilfe der PDS wollte die SPD den Diepgen-Senat stürzen – was dann ja auch am 16. Juni gelang –, und so waren wir gleich mitten im Thema. Angesprochen auf dieses rot-rote Bündnis vor dem Hintergrund der historischen Verantwortung der SED – und damit der SED-Nachfolgepartei –, meinte sie später im Interview dazu: »Man muss sich immer klarmachen: Die SED, die seinerzeit die Verantwortung hatte, ist zu 95 % nicht mehr da; die Menschen sind ausgetreten. Die PDS ist ein Rest von fünf Prozent. Und Sie müssen immer wieder sagen, dass natürlich die Mitverantwortung auch bei der Nationalen Front lag, demzufolge auch bei der CDU. Aber es ist einfach so, dass man diese ›sauberen, reinen Menschen‹, diese ›neuen Typen‹, mit denen man eine neue Politik machen kann – die haben Sie eben nicht oder haben Sie nur sehr begrenzt. Damit haben Sie keine Mehrheiten. Und nun müssen Sie sehen, wie können Sie in diesem Sinne wenigstens Politik machen mit Leuten, die dazu stehen – selbst wenn deren Vergangenheit weder bei der Ost-CDU noch bei der PDS so sonderlich lauter gewesen ist in der DDR.«

Man könne sich diese Menschen nicht backen, meinte sie weiter, die Partner, zwischen denen die Sozialdemokraten wählen könnten, seien alle nicht »koscher«. Trotzdem seien die Probleme jetzt und heute zu lösen. Statt alte Ängste zu schüren, müsse man Leute suchen mit Fähigkeiten und Kraft für eine neue Politk, für mehr soziale Gerechtigkeit – und dazu gehörten eben auch verlässliche Leute in der PDS –, das war ihre Position.

Als engagierte Christin hatte Regine Hildebrandt die denkbar schlechteste Meinung über die »Blockflöten« von der CDU. Dass sie sich der großen Koalition in Brandenburg verweigerte, hatte, glaube ich, weniger mit Schönbohm zu tun als mit seiner Partei. Das war tief in ihrer Seele verwurzelt. Diese Leute aus der Blockpartei mit dem C, die von der SED darauf angesetzt waren, die Christen zu infiltrieren und zu entmündigen und zu erledigen, die hat sie wohl am meisten verachtet. Bei der SED waren wenigstens die Fronten klar.

Wir waren so in die Diskussion vertieft, dass wir gar nicht merkten, wie die Zeit verrann. Die gebuchte Studio-Zeit für die Aufnahme des Interviews war schon nicht mehr zu halten, zum Glück gab es einen neuen Termin. Schnell haben wir dann gemeinsam den Tisch abgeräumt in ihrem »Mehrgenerationenhaus«, dann ging's los – sie immer am Handy – im Eiltempo ins Funkhaus Berlin des DeutschlandRadios, wo ja früher der RIAS saß. »Das hätte ich mir damals zu Mauerzeiten in der Bernauer Straße nicht träumen lassen«, sagte sie beim Hineingehen, »je in den RIAS zu kommen, wo wir ihn doch immer gehört haben.« Das hat sie ja oft erzählt, zehn, zwölf Jahre nach der Wende noch, dass sie dieses Wunder der deutschen Einheit immer noch und immer wieder tief bewegt.

Dabei war ihre Bilanz der Einheit in diesem Interview eher ernüchternd. Sicher sei schon viel auf den Weg gebracht worden in den vegangenen Jahren, meinte sie, doch werde die Kluft zwischen Ost und West auch jetzt noch zunehmend größer, gerade was Löhne, Arbeitslosenzahlen und Eigentum betrifft. Die größte Sorge bereitete ihr die Abwanderung der jungen Leute aus dem Osten nach Westen: »... wenn wir so weitermachen, sind wir nicht nur ein Armenhaus, sondern wirklich die Rentnerrepublik im Osten!« Und sie fürchtete, dass eine wirkliche Angleichung der Lebensverhältnisse wohl noch 20 bis 30 Jahre dauern werde – und da klang für meine Ohren schon ein Schuss Resignation mit. Aber dann setzte sie, wie immer kämpferisch und optimistisch, hinzu: »Mit Hilfe des Solidarpaktes werden wir es schaffen!«

Wird dann der Osten wie der Westen sein, fragte ich sie abschließend, wo doch, zugespitzt formuliert, nach dem Beitritt der DDR zur Bundesrepublik vom Osten eigentlich nichts geblieben sei. Dieser Punkt, wusste ich, traf ihren Nerv, und ihre Antwort ist denn auch so etwas wie eine Bilanz und ein Vermächtnis zugleich:

»Na, also – so dürfen Sie es nicht sagen. Also, Sie wissen, dass – nachdem der Osten weg ist – selbst bei mir, die ich nun ein richtiger Ostverächter war, also DDR-Verächter, auf einmal eine Identifikation – eine Ostidentifikation, die wir nicht entwickelt hatten – ich hätte mich mit Entsetzen abgewandt, wenn mir jemand erzählt hätte, dass ich mich mit ein paar Ostlern hier enger zusammengehörig fühle als mit meinen Freunden in Westdeutschland, aber diese Ostidentifikation aufgrund unserer Entwicklung in den letzten 40 Jahren –, die haben wir entdeckt nach der Wende. Und da haben wir entdeckt, dass da Werte dabei waren, die wir eigentlich gar nicht verlieren wollten, also eine andere Form von Solidarität und Mitmenschlichkeit, sich kümmern um den anderen – nicht immer nur die Ellenbogen, nicht immer bloß sehen, dass man selber da weiterkommt, weil einen das ja überhaupt nicht glücklich macht. Und wissen Sie, diese Form, egal, ob Sie die nun als Nischenprodukt bezeichnen oder als Repressionsfolge – aber sie ist jedenfalls da. Und deswegen sage ich Ihnen, von vielen Erfahrungen von damals, ob es die Kindergartenplätze sind, die wir nun inzwischen schon im Westen durchgesetzt haben als Recht darauf, ob es die Fristenregelung ist, ob es die Berufstätigkeit der Frau ist, die Verantwortung des Mannes – denken Sie jetzt ans Erziehungsgeldgesetz für die Kinder –, alles das kommt letztlich eigentlich auch auf unsere Erfahrung jetzt in die Bundespolitik hinein. Ich sage immer: Von hinten durch die Brust ins Auge setzen wir doch noch was durch.«

Selbst aus diesen geschriebenen Sätzen wird spürbar, was für mich immer das Besondere bei Regine Hildebrandt war: ihre spontane Mitmenschlichkeit. Mitunter waren das ja nur Nebensächlichkeiten, bei denen das auffiel: Ich erinnere mich da an eine Podiumsdiskussion während der Leipziger Buchmesse, am 26. März 1999, im

Saal des Neuen Rathauses, unter anderem mit Erhard Eppler, Hans-Otto Bräutigam und eben mit Regine Hildebrandt. Der Saal brechend voll, Stühle und Tische auf einer Ebene. Alles war sorgsam vorbereitet von dem Fernsehsender Phoenix, der die Diskussion aufzeichnen wollte: die Mikrofone auf unserem Tisch, die Kamerapositionen und so weiter. Da kommt die »Matadorin« hereinspaziert, registriert mit einem Blick die Szene, und schon geht's los: »So jeht det aber nich! Die Leute könn' uns doch jarnich sehen, wenn wir hier an diesem Tisch sitzen«, ruft sie in den Saal, und schon gibt's den ersten Beifall für sie. »Also det müss'n wa sofort ändern«, tönt es, »unsere Stühle müssen auf den Tisch.«

Beherzt greift sie den ersten Stuhl, da kommen die Fernsehtechniker gelaufen, heben protestierend die Hände, so schnell könne man doch die Kamera-Einstellungen und Mikrofone nicht wechseln. Aber das lässt sie kalt: »Die Leute sind doch unseretwegen gekommen«, erklärt sie ungerührt, »un nich wejen die Kameras!« Wieder Beifall im Saal, dann großes Gelächter, als Bräutigam und ich sie mit vereinten Kräften erst auf den Tisch, dann auf den Stuhl hieven. Da sitzt sie denn und strahlt – und hat die Herzen aller einmal mehr gewonnen.

Sportsgeist beschränkte Regine Hildebrandt – in ihrer Jugend sogar mal Berliner Meisterin im Dreikampf – keineswegs nur auf Rededuelle. »Na klar mach ick da mit!«, hieß die typische Antwort auf Einladungen von Ruderinnen und Kanuten, zur Eröffnung von Radwanderwegen, Reiterhöfen oder der Brandenburger Badesaison. Wobei die in der Familie Hildebrandt traditionell schon zu Ostern begann – natürlich im mitunter noch zugefro-

Dick verschneites Idyll: Der zugefrorene Flakensee hinterm Haus ist im Winter ein Schlittschuh-Paradies.

renen Flakensee. Im Winter, wenn die Eisdecke dick genug war, wurde Schlittschuh gelaufen. Oder gleich eine größere Tour über märkische Seen und Kanäle gemacht.

»Schlittschuhlaufen hab ick erst relativ spät im Leben gelernt, aber jetzt klappt's so gut, dass ick nu doch mal dieset Inlineskaten ausprobieren muss«, erzählte Regine Hildebrandt im vorletzten Sommer. Die Verabredung mit einer Freundin auf einem einsamen geteerten Waldweg platzte zwar aus Termingründen ein paar Mal, aber Wochen später berichtete sie heiter von ihren ersten Versuchen. »Ick hatte mir so 'n Kinderwagen mitgenommen, zum Festhalten, und wir also munter drauflos, ging auch ganz gut! Bloß kam dann so 'ne Schulklasse auf Wandertag des Weges, die haben mich natürlich alle

Eins, zwei, eins, zwei ...: Regine Hildebrandt verstärkt den Vierer des Potsdamer Ruderclubs.

erkannt – na, das war ein Hallo!« Worauf künftige Trainingseinheiten auf noch einsamere Wege verlegt wurden …

Ganz öffentlich in den Wald strebte sie am 14. September 1993, als der »Erste Potsdamer Lauftreff« stattfand. »Natürlich hatte se keine Schuhe, keinen Trainingsanzug, kein nix«, erläutert Rainer Karchniwy die Hindernisse, die der begeistert zugesagten Teilnahme seiner Ministerin entgegenstanden. »Ick also los ins Sporthaus, um ihr allet zu besorgen. All meinen Charme musst' ick einsetzen, um die Verkäuferin zu becircen, dass sie mir die Sachen zur Anprobe mitgibt.« Er schaffte es und kam tatsächlich mit dem kreischlila Fallschirmseiden-Outfit zurück. »Als sie die Farbe sah, jing's sofort los: ›Nee, so wat zieh ick doch nich an!‹ Sach ick: ›Frau Hildebrandt, es gibt nix anderes! So Trainingsanzüge wie früher trägt heute kein Mensch mehr!‹« Regine Hildebrandt absolvierte den »Lauftreff« also notgedrungen in aktuellster Sportmode und kam am Ende glücklich aus dem Wald – mit ausgebeulten Taschen und strahlendem Gesicht: »Kiekt ma, wat ick für Pilze jefunden hab!«

»Nee, so wat zieh ick doch nich an!« Skeptischer Blick bei der Anprobe des Jogging-Anzugs im Ministerbüro.

Der Stolz der Sammlerin: »Lauftreff«-Teilnehmerin Regine Hildebrandt kommt mit vollen Taschen ins Ziel.

Der berühmte Frankfurter Kranz …

… ist der traditionelle Geburtstagskuchen im Hause Hildebrandt. Gebacken wurde er seit den 50er Jahren mit Margarine- statt Buttercreme, geröstete Haferflocken ersetzten die raren Mandeln. Die Hildebrandt-Version der Kalorienbombe blieb auch nach der Wende, als Rohstoff-Engpässe kein Thema mehr waren, unverändert – und schaffte es sogar ins »West-Fernsehen«: Im Kölner »Alfredissimo«-Studio führte Regine Hilde-

Klamauk unter Kollegen: Mit einem rosengeschmückten Frankfurter Kranz gratuliert Regine Hildebrandt ihrem Staatssekretär Olaf Sund zum Geburtstag. Der Eindruck täuscht übrigens – sie hat nicht wie einst die Stummfilmstars damit nach ihm geworfen!

brandt 1996 fröhlich die Nation nebst Alfred Biolek in die Geheimnisse des Kranzbackens ein (»Immer feste rühren, der Zucker wird doch sofort braun!«).

Ehrensache, dass sie nach ihrem Entschluss 1999, die Koalition mit der CDU nicht mittragen zu wollen, auch ihren Ausstand im Ministerium mit Selbstgebackenem »feierte«: Exakt 15 (!) Frankfurter Kränze fabrizierte sie mit logistischer Perfektion in der Woltersdorfer Küche. In Kartons gestapelt, chauffierte Rainer Karchniwy die süßen Abschiedsgrüße dann nach Potsdam. Bei soviel Liebe fiel manchem der 350 Ministeriums-Mitarbeiter der Abschied von der Chefin noch schwerer.

FRANKFURTER KRANZ
Familienrezept und Zubereitungstips

4 Eier (nicht getrennt) in einer Schüssel kurz mit dem Mixer durchrühren
250g Kristallzucker (nicht zu grob) in die Schüssel dazugeben und schaumig rühren (ca. 5 Minuten stehenlassen) – danach nochmals durchrühren, bis sich der Zucker aufgelöst hat
200g Kartoffelstärke
50g Weizenmehl
½ Backpulver unterrühren
1 Eßlöffel Wasser zufügen und alles gut durchrühren

und in eine Frankfurter-Kranz-Form gießen und bei mittlerer Hitze backen, ohne den Backprozeß zu unterbrechen (ca. 30/35 Min.).

Füllung:

Vanille-Pudding zubereiten mit 1/2l Milch und 3 Eßlöffel Zucker
Pudding unter Rühren abkühlen (es darf sich keine Haut bilden)
250g Margarine auf Zimmertemperatur (nicht zu kalt und nicht zu warm) bringen, mit dem Mixer schaumig rühren und löffelweise den Pudding unterrühren.

Krokant:

1 Teelöffel Margarine in der Pfanne erhitzen grobe Haferflocken dazugeben und unter Rühren leicht bräunen, mehrere Teelöffel Zucker dazugeben und unter kontinuierlichem Rühren die Haferflocken kandieren (Vorsicht nicht zu lange!).
Haferflocken aus der Pfanne auf ein vorbereitetes Blech kippen und durch Bewegen verhindern, daß es ein einziger Klumpen wird.
Am besten ist es gelungen, wenn jede einzelne Haferflocke einen Zuckerüberzug hat.

Füllen:

Den Frankfurter Kranz, der unbedingt kalt sein muß, in möglichst viele Schichten schneiden, mit Butterkrem füllen und außenherum bestreichen.
Am Schluß werden die Haferflocken über den Kranz gleichmäßig verteilt.
Kranz kühl stellen, mit Messer und Gabel beim Geburtstagskaffee schneiden und essen

Ich wünsche guten Appetit
Dr. Regine Hildebrandt

Was ist denn hier in der Nähe? – Sightseeing à la Hildebrandt

Berühmte Bauwerke und Sehenswürdigkeiten aller Art brachte die architekturbegeisterte Regine Hildebrandt en passant in ihrem Alltag unter. Fahrer Karchniwy sparte sich mit der kundigen Chefin im Fond sowohl den Reiseführer als auch das Navigations-System:

»Wir hatten im Auto so eine Schlösserkarte vom Land Brandenburg, und wenn wir ausnahmsweise mal Zeit hatten – kam ja selten vor –, also wenn auch nur mal 20 Minuten übrig waren, sagte Frau Hildebrandt: ›Geben Sie mal die Karte her, vielleicht gibt's hier in der Nähe was zu sehen.‹ Denn sie wollte ja auch nie zu früh kommen – entweder pünktlich oder später. Naja, und wenn was auf der Karte war, sind wir eben hingefahren. Eine Kirche, ein Schloss, ein Museum – sie kannte sich im Land aus wie keine Zweite. Sie war überall schon mal mit der Familie gewesen, hatte hier gepaddelt und war dort geradelt. Sie wusste einfach überall Bescheid. Irre!«

Auch in unbekannten Gefilden fanden sich die beiden problemlos zurecht: »Ich brauchte kein Navigations-System, meins saß hinten drin! Sie fragte immer: Wiss'n wa, wo wir hinmüssen? Und ick sach: Ja! Und reich' ihr den Stadtplan oder die Karte rüber. Das hat ihr Spaß gemacht, und sie konnte auch sehr gut Karten lesen. Zum

Die neue Reichstagskuppel in Berlin erklimmen die beiden in einer Pause zwischen zwei Terminen. Nach dem obligatorischen Erinnerungsfoto freuen sich Regine Hildebrandt und ihr Fahrer am Blick über die Stadt: »Vor allem daran, wie grün Berlin von oben aussieht.«

Beispiel waren wir einmal in Braunschweig zu einer Ministerkonferenz, und da hab ich mir auf einem Spaziergang genau ausgeguckt, wie wir fahren müssen, um am schnellsten wieder auf die Ausfallstraße Richtung Heimat zu kommen. Ja, Pustekuchen! Die Konferenz ist aus, Regine kommt, steigt ins Auto und sagt: Nee, jetzt möcht ick erst mal den Burglöwen vor dem Dom sehen! Und ick sach – nee! Nu hab ich mir das so schön zurechtgelegt, wie wir fahren müssen ... Darauf sie: Ach, geben Sie mal den Plan her! Und lotst mich hier lang, da lang, rechts, links zum Löwen. Wir einmal drumrumgefahren und danach ratzfatz auf die Autobahn.«

Von Morgengrauen bis Mondenschein: Ministertage sind lang ...

»Wir sind von morgens bis nachts unterwegs gewesen. Jeden Tag und auch am Wochenende«, erinnerte sich Regine Hildebrandt an die erste Zeit in Brandenburg, als sie mit ihren Mitstreitern aus dem Nichts ein Ministerium aufbauen musste, funktionierende Strukturen im Gesundheits- und Sozialsystem und für das beängstigend schnell wachsende Heer der Arbeitslosen. »Das war eine ganz harte Zeit, aber auch eine, wo man kolossal viel bewegen konnte. Von einer einzigen Entscheidung damals hing oft das Wohl und Wehe einer ganzen Region ab.«

Erfreuliche Grundsteinlegungen für Altenheime, Krankenhäuser, Behindertenwohnheime wechselten sich ab mit Arbeiterprotesten vor abwicklungsbedrohten Fabriken und Verhandlungsrunden, die »das Schlimmste verhindern« sollten. »Aufregend und schlimm zugleich« empfand auch Rainer Karchniwy die Aufbauphase, in der nicht selten gedrückte Stimmung im Dienstwagen herrschte. »Gerade da unten im Süden, wo eine ganze Region von der Braunkohle gelebt hat, da hat man sich schon gefragt, wie geht das denn da weiter? O Gott, o Gott, wo sollen die Leute denn bloß hin? Und da hab ick oft zu mir gesagt, du meckerst zwar rum, wenn's so spät wird. Aber du hast wenigstens deine Arbeit, besser kannet dir doch jarnich jehn!«

Herzlichen Glückwunsch! Geburtstagsbesuch bei einer hundertjährigen Brandenburgerin in Glienicke/Nordbahn 1997.

Von morgens bis nachts – auch später wurde das Pensum kaum weniger. Wenn die Sonne überm Flakensee aufging – zumindest im Winter war das ja erst so gegen acht Uhr der Fall –, stand meist auch schon der Fahrer vor der Tür. Und zum Frühstücken blieb wieder mal kaum Zeit,

Tigertaufe im Herzberger Zoo 1994: Die Dschungelkatze heißt übrigens nicht Regine, sondern Turan.

Immer genug zu trinken: Besichtigung einer neuen Abfüllanlage bei der Bad Liebenwerda Mineralquelle.

Allzeit guten Flug! Übergabe des Rettungshubschraubers an die Rettungsstaffel Brandenburg/Havel 1994.

Abendtermin am Flughafen: Willkommensgruß für kroatische Flüchtlinge in Schönefeld 1992.

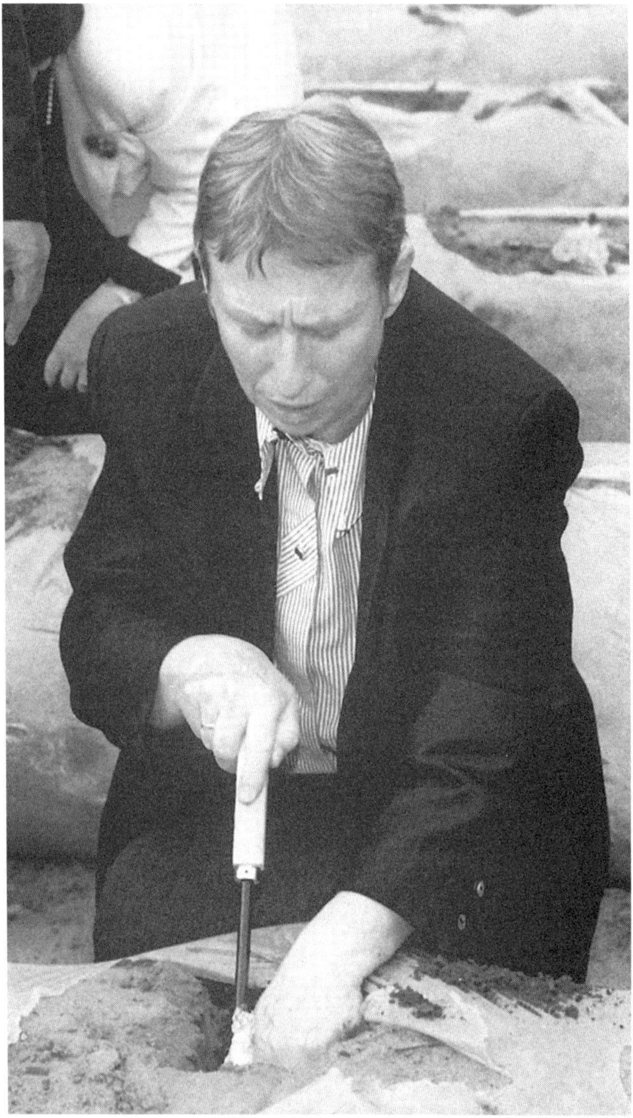

»Hab' ich dich endlich!« Schwerstarbeit beim Spargelfest in Klaistow 1997.

»Nächstes Mal möcht' ick aber mehr Ostprodukte in den Regalen sehn!« Rundgang durch den Massa-Markt in Gosen 1992.

Alles selbst gemacht! In Bad Saarow trat Regine Hildebrandt mit Landesmutter Ingrid Stolpe 1998 zum Plätzchenbacken an.

Lasst die Frauen mal ans Steuer! Schiffstour mit Wasserschutzpolizei-Präsidentin Monika Scheufler 1996.

Besser können's gekrönte Häupter auch nicht: Bei einer Stadtrundfahrt mit dem Bürgermeister von Schwedt winkt Regine Hildebrandt huldvoll in die Menge (die hauptsächlich aus dem Fotografen Karchniwy besteht).

weil bereits anderthalb Stunden später eine Tagesstätte für psychisch Kranke am anderen Ende des Landes zu eröffnen oder einer Hundertjährigen zum Geburtstag zu gratulieren oder eine Limonadefabrik in Bad Liebenwerda zu besichtigen war. Oder ein Tigerbaby zu taufen im Herzberger Zoo, deren engagierte Betreiber die Wahlkreis-Abgeordnete für eine Patenschaft gewinnen konnten. Oder es war ein in Antenne Brandenburg live übertragener Rundgang durch einen Supermarkt zu absolvieren und der Filialleiter zu ermuntern: »Wenn ick wiederkomme, möcht' ick aber hier mehr Ostprodukte in den Regalen sehn!«

Endlich mal Bagger fahrn! Bei einem 1. Spatenstich erfüllt Regine Hildebrandt die Motiv-Wünsche der Pressefotografen.

Üblicherweise fanden all diese »oders« natürlich an einem Tag hintereinanderweg statt – sechs, sieben Termine haben im Kalender locker Platz, bis der Abend kommt. Und der gehört dann noch einer Diskussion im Kulturhaus. Selbst wenn die bereits um sieben Uhr begann und Rainer Karchniwy gegen halb zehn die ersten Leute aus dem Saal kommen sah, hieß das noch lange nicht, dass sein Feierabend in Sicht war: »Meist wurde Frau Hildebrandt ja noch aufgehalten, hörte jedem zu, rief vielleicht sogar: ›Ick komme gleich!‹ Wenn se dann 'ne knappe Stunde später tatsächlich kam, stieg sie ins Auto, strahlte und sagte: ›Ick bin schon da! Und kieken Se mal, da oben der Jupiter und die vielen Sterne, sind die nich schön?‹ Na, da konnte ihr doch keiner böse sein!«

Frau Hildebrandt, Sie kommen zu spät!

LOTTE MENZEL (53) ist Sonderschullehrerin und unterrichtet im Potsdamer Oberlinhaus taubblinde Kinder. Vor einigen Jahren, als sie noch an der Förderschule für geistig Behinderte arbeitete, traf sie Regine Hildebrandt auf dem Potsdamer Weihnachtsmarkt:

Wir waren mit einer Gruppe Kinder von unserer Schule dort, um den kostenlosen Vormittag für Behinderte auszunutzen. Kollegen vom Oberlinhaus waren auch mit einer Gruppe auf dem Weihnachtsmarkt unterwegs. So 1993 oder '94 muss das gewesen sein, auf dem Luisenplatz. Irgendjemand hatte uns auch erzählt, dass die Sozialministerin erwartet würde, ein Bühnen-Auftritt war wohl geplant, aber das stand nicht im Zentrum des Geschehens für uns. Wir sind nicht so auf Prominente fixiert und die Kinder schon gar nicht.

Wir machen also unsere Runde, fahren mit den Kindern Karussell, wobei die Rolli-Fahrer kurzerhand auf den Schoß genommen wurden. Und als wir sie so umladen, raus- und reinheben, kommt auf einmal Regine Hildebrandt angeschlendert. Nicht durch den Haupteingang neben der Bühne, sondern von der Seite, ganz alleine, ohne Bodyguards oder Begleiter oder so. Und sie blieb stehen bei uns, freute sich, dass die Kinder da waren, und

Fast hätte sie diesen Auftritt verpasst: Regine Hildebrandt verteilt kleine Gaben auf der Bühne des Weihnachtsmarktes.

unterhielt sich mit ihnen. Packte mit an, half, putzte 'ne Nase, wenn's nötig war – ganz so, wie eine Mutter oder Großmutter es eben tut. Da war kein großes Aufhebens drum. Vor lauter Stehenbleiben und Kümmern und Reden hätte sie fast ihren Auftritt vergessen! Wir mussten sie dann dran erinnern: »Frau Hildebrandt, Sie kommen zu spät, Sie werden doch auf der Bühne erwartet!«

Eigentlich eine ganz belanglose Begebenheit, aber sie blieb mir lebhaft im Gedächtnis, weil sie irgendwie typisch für Regine Hildebrandt war: Die Menschen direkt um sie herum waren ihr wichtiger als Termine.

»Regine, wir lieben Dich ja doch so sehr« …

»Na gut, bevor die alle zu mir nach Hause kommen, machen wir lieber wat Offizielles!« Fast ein bisschen unwillig ließ sich Regine Hildebrandt zu ihrem 60. Geburtstag am 26. April 2001 ehren. Nachmittags gab's Frankfurter Kranz und Musik im Familienkreis, aber um 10 Uhr früh war großer Bahnhof angesagt. Überpünktlich kam sie diesmal an, denn Rainer Karchniwy sorgte persönlich dafür: »Ich ließ es mir nicht nehmen, sie zu fahren, und hatte extra einen Tag Urlaub genommen. Die SPD stellte ihren Info-Bus zur Verfügung, damit die ganze Familie reinpasst. Und als ick in Woltersdorf ankam, empfing sie mich freudestrahlend: ›Ick hab's ja jewusst, dass Sie kommen!‹«

Den nagelneuen Nikolaisaal in Potsdam hatte die SPD für ihren Star gemietet – als ob sie geahnt hätte, dass zum Feiern nicht mehr viel Zeit bleibt –, und Landesgeschäftsführer Klaus Ness hatte seine liebe Not, über 450 Gäste dort unterzubringen: »Ein Open-Air-Fest wäre besser«, seufzte er im Vorfeld, aber dann fanden doch alle einen Platz. Polit-Prominenz aus Bund und Land, Vertreter von Sozialpartnern und Verbänden, Literatin Christa Wolf, Liedermacher Reinhard Lakomy, Landesbischof Wolfgang Huber – alle wollten gratulieren. Auch der Bundeskanzler persönlich. »Na, dit werd'

Applaus für das Geburtstagskind: Ministerpräsident Manfred Stolpe, Bundeskanzler Gerhard Schröder und Brandenburgs SPD-Chef Matthias Platzeck feiern »ihre« Regine.

ick ooch noch überleben«, kommentierte Gerhard Schröders schonungsloseste Ost-Beraterin locker vorneweg. Nur die CDU musste draußen bleiben. Einzig Rita Süßmuth (»Wir sind in getrennten Parteien, aber sehr miteinander verbunden«) war geladen, und Norbert Blüm konnte im letzten Moment doch noch kommen.

Der Bundeskanzler hob gerade an zu seinem »Liebe Regine!«, als der Überraschungsgast eintraf. »Grüß dich, Nobby, eigentlich sollte das ein schöner Vormittag werden! Mir hatte man gesagt, du seist in Kambodscha, aber wir kennen ja dein Gespür für Auftritte«, scherzte der Redner mit einem Hauch Missmut, bevor er dem Geburtstagskind in launigen Worten unter anderem »Dank

»Denn darf ick 'n bisschen länger reden, wa?« Exklusiv-Foto von Regine Hildebrandt am Rednerpult – die offiziellen Pressefotografen wurden nämlich schon zu Beginn des Festaktes aus dem Saal komplimentiert. Karchniwys übrige »Exklusiv-Fotos« aus den Ministertagen waren draußen im Foyer zu sehen – als Geburtstagsgeschenk für seine Chefin.

für vielen Rat, für deftige, unnachsichtige Unterstützung« aussprach. »Hhm, nicht immer freiwillig empfangene Unterstützung! Erst ärgert man sich – was will se denn jetzt schon wieder? Ein paar Schritte weiter beginnt man nachzudenken und sieht, wie sehr es einem hilft, andere zu verstehen, um bessere Politik zu machen.«

Die Hildebrandt-Singers hatten den Schlager »Ramona« umgedichtet zu »Regine, wir lieben Dich ja doch so sehr«, und tatsächlich war im Nikolaisaal viel Liebe für sie zu spüren. Ihr alter Mitstreiter Matthias Platzeck versuchte, das Geheimnis ihrer Beliebtheit zu ergründen: »Mehrere Sätze Stimmbänder, die der Herr dir mitgab, sind's nicht allein. Bei dir basiert alles auf Liebe und Vertrauen.« Ministerpräsident Manfred Stolpe brachte gar die »heilige Regine« ins Gespräch: »Die gab es im dritten Jahrhundert wirklich! Sie wurde zur Märtyrerin, weil sie sich weigerte, prunkvolle Gewänder zu tragen.«

Und als das Geburtstagskind endlich selbst ans Mikro durfte, kam sie aus dem Staunen kaum raus: »Überwältigend, so bin ick ja noch nie gelobt worden!« Gut 500 Hände zu schütteln bei der endlosen Gratulationscour im Foyer, bergeweise Geschenke, ein Meer von Blumen zu bekommen – all dem hatte die frühere Bereichsleiterin in der Zentralstelle für Diabetes und Stoffwechselkrankheiten, die Familienmutter und Chorsängerin zeit ihres Lebens bestimmt nicht entgegengefiebert. »Was hab ich mir vorgestellt zum 60.?«, fragte sie in die Runde. »Na, da konnte man in 'n Westen reisen! Jahrzehntelang hab ick davon geträumt: 2001 fahr'n wa los! Algerien, England, Amerika ... Nu kam allet früher!«

Um fünf vor elf musste der Bundeskanzler weg. »Na, denn darf ick 'n bisschen länger reden, wa?« Sie durfte. Und kramte zur Freude ihrer Gäste ausführlich in ihren Erinnerungen. »Und jetzt die Geschichte, die mein Mann nicht mehr hören kann, die von unserem Hochzeitstag. Wir haben am 22. Dezember geheiratet, wo keiner Zeit hat zum Feiern – weil wir wollten, dass die West-Berliner mitfeiern können! Und wann gab's Pas-

So viele Hände zu schütteln! Regine und Jörg Hildebrandt gönnen sich eine kleine Pause mit den Enkelinnen Cäcilie und Antonia und sehen sich in Ruhe den Geburtstags-Film auf der Leinwand im Foyer an.

sierscheine? Zu Ostern, Pfingsten, Weihnachten! Nu war aber 1966 mal wieder eine schlechte Großwetterlage, und die konnten gar nicht kommen! Und wir haben unser Leben lang diesen 22. Dezember am Bein.«

Die Lacher verstummten, als sie im gleichen Atemzug den Horror dieser Grenze ansprach. »Tante Grete liegt in Westberlin im Sterben, und Sie wissen, Sie könnten in 20 Minuten da sein. Und kommen nicht hin! So was diskreditiert die DDR, egal, was sie machen.« Dennoch plädierte sie, wie immer, dafür, sich der »gelebten Wirklich-

Sag's mit Blumen: Regine und Jörg Hildebrandt mit einem der vielen Rosensträuße vom Gabentisch.

keit« zu stellen. »Mein Sohn, der wird jetzt 30, kann sich noch genau erinnern, wie es roch, wenn Tante Inge aus dem Westen die Tasche aufmachte. Obst, Seife, Papiertaschentücher ... Jetzt isst man überall den gleichen Kuchen – und hier sind wir wieder bei der Angleichung der Lebensverhältnisse. Hans, jetzt kommt's!«

Natürlich nahm sie diese Gelegenheit wahr, den Honoratioren aus der Bundespolitik – auch Finanzminister Hans Eichel konnte jetzt nicht flüchten! – öffentlich den Osten ans Herz zu legen. Referierte Zahlen, Daten, Fakten. »Wenn wir zehn Jahre nach der Einheit merken, dass der Anschluss nicht gelingt, muss schleunigst was passieren!« Sie forderte Respekt vor der Lebensleistung der Ostler, gleich wieder mit einem »Beispiel aus meiner Familie« illustriert: »Wir hatten Besuch aus'm Westen und wollten zusammen kochen. Dazu muss ick sagen, dass die Tür meines Gefrierschranks in der Küche nicht richtig schloss. Ick also immer mit'm Fleischklopper ran ans Eis, boing, boing, boing, und schon war ick bei meinen Fischstäbchen! Also, meine Cousine kommt rein, sieht das und sagt: ›Jaja, so sieht's aus, wenn die Energie nichts kostet!‹ Mir is' ja fast der Unterkiefer runterjefallen! Dit isset nämlich: Auf einmal werden mit Maßstäben von heute Sachen von damals beurteilt.«

Von der großen »Fummelei für saubere Insuline« an ihrem Institut erzählte sie, von ihren wissenschaftlichen Forschungen darüber, wie oft die raren Einwegspritzen aus dem Westen notfalls benutzt werden können. »Nu stellen Sie sich mal vor, so was erzählen Sie 'nem Westler. Da sagt der doch: Ha'm die nix Besseres zu tun? Dabei war's für uns kolossal wichtig, den Diabetikern zu helfen! Tja, mit der Ost-Elle gemessen, sieht die Leistung ganz anders aus!«

Die große Brückenbauerin zwischen Ost und West in ihrem Element. Die entfremdeten Teile zusammenzubringen, eine »andere Form von Gesellschaft, wie man sie in Notzeiten hatte – damit's gerechter zugeht«, das waren ihre Geburtstagswünsche. »Das will ich betreiben, solange die Kräfte bleiben.« Und auf dass es auch der letzte begriff, fasste sie die Quintessenz aus all ihren Anekdoten und Beispielen in dem berühmten Zitat von Willy Brandt zusammen: »Wir haben die Wirtschaftskraft, den Osten an den Westen heranzuführen. Wenn wir es mit dem nötigen Taktgefühl und Respekt vor der Lebensleistung der Ostler angehen, dann wird ohne entstellende Narben zusammenwachsen, was zusammengehört.«

»Es ging ihr um die Menschen«

NORBERT BLÜM (66) hatte schon langjährige Erfahrung als Bundesarbeits- und -sozialminister im Kabinett Kohl gesammelt, als er im Sommer 1990 seine SPD-Kollegin aus dem Osten zum ersten Mal traf. Beim Festakt zu ihrem 60. Geburtstag im April 2001 tauchte der einstige Widersacher im Kampf um soziale Gerechtigkeit dann sogar als Überraschungsgast auf – und war hochwillkommen.

Nachsehen, wo das Geld geblieben ist: Im Sommer 1998, ein Jahr nach dem Oder-Hochwasser, besah sich Bundessozialminister Norbert Blüm (CDU) mit seiner Brandenburger Kollegin den Stand der Dinge in Ziltendorf.

Regine Hildebrandt war ein Original im eigentlichen Sinne des Wortes: einmalig und unverwechselbar!

Sie hat ein gutes Herz gehabt. Deshalb hat sie auch so gern gestritten für die, die sich nicht selber wehren können. Ich habe sie geschätzt und mich mit ihr »gefetzt«. Ich wusste dabei immer: Es geht Regine um die Menschen und nicht um sich. Das macht Meinungsverschiedenheiten leichter erträglich.

Wir zogen in Sachen Sozialunion zwischen den beiden deutschen Staaten an einem Strang. Sie als ostdeutsche Arbeitsministerin, ich als westdeutscher Arbeitsminister. Das war auch gut so, und ich werde dies und deshalb auch sie nicht vergessen.

Sie kam immer auf dem kurzen Weg zur Sache. Man sparte viel Zeit für BlaBla. Wenn man allerdings bei der Sache war, musste man sich anstrengen, dazwischen zu kommen. Sie konnte reden, ohne Luft zu holen.

Mein Respekt vor ihrem Kampf gegen den Tod ist noch größer als für ihren politischen Kampfesgeist. Sie hat dieses Gefecht ohne Sentimentalität geführt und das Sterben, das jedem bevorsteht, beim Namen genannt. Sie hat den Tod nicht verdrängt. Die Kraft zu diesem Lebensmut schöpfte sie – so vermute ich – aus dem Glauben, dass mit dem Tod nicht alles aus ist.

»Weihnachten kommt ja auch immer so plötzlich«

»Weihnachten war für Regine Hildebrandt immer das Größte! Wir hatten schon das ganze Jahr über so ein Spiel, wenn der 24. eines Monats war, erinnerte einer den anderen, je nachdem, wem's zuerst einfiel: In soundsoviel Monaten ist Heiligabend!«, erzählt Rainer Karchniwy. Und wirklich bedachte die Ministerin alle Jahre wieder alle 350 Mitarbeiter ihres Hauses mit einer Kleinigkeit. Ob handgeformte Glocken aus einer Behindertenwerkstatt, Stiche einer märkischen Landschaft oder Keramik-Schalen von Hedwig Bollhagen – immer im

Weihnachtsbesorgungen direkt an der Quelle: Im Dezember 1993 kauft Regine Hildebrandt in den Marwitzer Werkstätten bei Hedwig Bollhagen kleine Schalen für ihre Mitarbeiter ein.

Cäcilie und Antonia freuen sich vor Omas Weihnachtsbaum über die Plüschtiere, die ihnen Rainer Karchniwy mitgebracht hat.

Mit dem Künstler Bernd Streiter verhandelt sie über Grafiken, die die Plattenburg bei Bad Wilsnack zeigen.

Herbst gab Regine Hildebrandt ihre Bestellung auf, ließ sich von Karchniwy ausreichend Karten besorgen (»wir haben immer die weißen Karteikarten in der Mitte geknifft, und dann kam vorne ein Foto drauf, selbst geknipst von ihr oder von mir«) und nutzte die endlosen Landtagssitzungen, um jedem Kollegen persönlich ihre Weihnachtswünsche aufzuschreiben.

Daheim in Woltersdorf wurde zur Adventszeit das ganze Haus geschmückt, am Christbaum brannten echte Kerzen (»wegen der Stimmung!«), und an den Feiertagen schob sie für die zahlreichen Gäste jede Menge Enten, Gänse und Puten ins Rohr. Man konnte die Kalorien dann auf langen Familien-Spaziergängen wieder ablaufen. Oder auf Kufen abschlittern – der Flakensee hinterm Haus fror ja öfter zu. Nur mit der privaten Geschenke-Logistik klappte es im Termin-Stress nicht immer so perfekt. »Weihnachten kommt ja auch immer so plötzlich! Und fünf Minuten vor Heiligabend fiel ihr dann ein: ›Herr Karchniwy, ick brauch noch für Elske Geschirrhandtücher! Und für meinen Mann, könn' Se da nicht noch 'n Pullover kaufen?‹« Das hat Karchniwy dann gemacht. »Und sie wusste auch, sie kann sich drauf verlassen. Den Pullover hat Jörg Hildebrandt dann auch jahrelang getragen, offenbar hat er ihm gefallen.«

»In einer Familie weiß man ja, was dem anderen gut tut.«

Sie hätte so gerne noch ein letztes Mal Weihnachten gefeiert. Wie immer möglichst viele Hildebrandts im Woltersdorfer Haus um sich geschart, groß aufgekocht und das Beisammensein genossen. Hausmusik machen, mit den Enkeln spielen, ihrem Mann Jörg auch nach zig Ehe-

Stolze Großeltern vor der Haustür in der Rosa-Luxemburg-Straße: Jörg und Regine Hildebrandt starten 1992 mit ihrem ersten Enkel Franz zu einer Radtour durch Berlin-Mitte.

Für einmal Knuddeln zwischendurch ist immer Zeit: Regine Hildebrandt mit den Enkelinnen Antonia und Cäcilie.

jahren noch zuhören – »Er ist ja eher ein stiller Typ. Wenn ick also möchte, dasser ooch mal wat sacht, muss ick eben stille sein!«: All das gab's bei Regine Hildebrandt nicht nur zur Weihnachtszeit.

Die Familie war ihr Lebenselixier, ihr Kraftquell, ihre Heimat. »Man versteht sich, man streitet sich, aber man gehört eben zusammen«, erklärte die jüngste Tochter Elske, die in Berlin wohnt und dort Archäologie studiert, einmal den Hildebrandtschen »Familien-Tick«. Sie vermutete, dass er erblich sei: »Ick hab' ihn jetz' ooch.« Als sich 1997 Regine Hildebrandts »alter Lebenstraum« vom Mehr-Generationen-Haus erfüllte, war sie überglücklich, obwohl ihre Erkrankung der Auslöser war.

Soviel Weihnachtsbaum muss sein! Für die Berliner Altbau-Wohnung mit ihren hohen Decken schleppt Sohn Jan eine riesige Fichte ins Haus. Daran brannten nur echte Kerzen – »wegen der Stimmung«.

»Schon im Krankenhaus war die Familie von morgens bis abends präsent, meine Tochter ist noch geblieben, hat mir abends vorgelesen. In einer Familie weiß man ja, was dem anderen gut tut.«

Vielleicht deshalb startete im Grunde bereits zu DDR-Zeiten in Berlin-Mitte eine Art Vorläufer des Wohnprojektes, als sich der Clan durch geschickten Wohnungstausch immer weiter im Mietshaus an der Rosa-Luxemburg-Straße ausbreitete. Dort platzte am 9. November 1989 die Nachricht vom Fall der Mauer in eine fröhliche Geburtstagsfeier – Sohn Jan wurde 18 Jahre alt. Doch nicht einmal die anschließend losbrechenden Wende-Wirren konnten den Zusammenhalt schwächen, auch wenn der Mittelpunkt der Familie schon bald Ministerin war und kaum noch zu Hause …

Natürlich fand sie – abgesehen davon, dass sie sich in jeder freien Minute Zeit nahm, ihren Enkeln Schwimmunterricht zu geben oder Bastel-Wünsche zu erfüllen – auch für dieses Problem eine Lösung: »Manchmal hat sie einfach die ganze Familie mitgebracht, wenn irgendwo Kinderfest war oder Heim-Einweihung mit Sommerfest oder so«, erzählt Fahrer Karchniwy. »Damit die Kinder sie auch mal sehen.«

Frohe Weihnachten! Franz, Antonia und Cäcilie unter Omas Christbaum.

Jetzt wird's gleich schön warm! Regine Hildebrandt heizt ihren Gästen ein.

»Sie war ein Geschenk Gottes in unserer Zeit.«

STEFFEN REICHE (41), heute Bildungsminister in Brandenburg, kennt Regine Hildebrandt seit 1982 und saß jahrelang neben ihr im Kabinett. Der evangelische Pfarrer war am 7. Oktober 1989 dabei, als in Schwante die Sozialdemokratische Partei gegründet wurde, in die die Hildebrandts wenig später eintraten:

Jeder Mensch ist einzig. Regine Hildebrandt aber war einzigartig. Mir fällt niemand ein, der ihr vergleichbar wäre. Sie sprach so, wie keiner es konnte und keiner es gedacht hätte. Deshalb ist sie auch für niemanden nachzuahmen. Und deshalb hat es auch niemand versucht. Auch sie selbst nicht. Sie war immer ganz bei den Menschen und deshalb ganz bei der Sache. Sie hat Menschen bedrängt, erweitert, genervt und verändert. Sie hat Balance gehalten auf eine unnachahmliche Weise, weil sie in sich selber ruhte, in ihrem Glauben, in ihrer Familie und in ihren Hobbies. Sie arbeitete als Ministerin der anderen wegen, nicht ihretwegen.

Sie lachte gerne mit anderen, nicht über andere. Sie legte offen, nicht bloß, und ging mit traumhafter Sicherheit auf dem schmalen Pfad zwischen politischer emotionaler Rede und parodistischem, slapstickartigem Kabarett. Einmal ist es uns gelungen, die beiden Hildebrandts,

Regine und Dieter, nacheinander und gemeinsam auf die Bühne zu bringen. Wir haben über beide genauso gelacht wie nachgedacht. Ihre Pointen aber waren nicht gesetzt, sondern ergaben sich, weil sie noch schneller sprach, als sie dachte – ohne dass je der Faden zwischen beiden gerissen wäre.

Ich lernte sie 1982 im Berliner Domchor kennen. Auch da war sie immer von Menschen umringt, ihren Kindern, ihren Verwandten, ihren Freunden. Ihre Fröhlichkeit und Vitalität zog an wie ein Magnet, immer war sie umgeben von einem Kreis von Menschen, aus dem Lachen und leidenschaftliches Diskutieren drang. Sie wohnte damals einen Steinwurf vom Alexanderplatz entfernt, also mitten in der Hauptstadt, in die ich gerade gezogen war, und lud, nachdem wir einmal das ganze »WO« (Weihnachtsoratorium von Bach) gesungen hatten, den gesamten Chor zu sich in die Wohnung ein, eine Berliner Altbauwohnung, die dem Alex den Rücken zukehrte. Über 100 Menschen drängten sich in die Zimmer, tranken Glühwein, aßen Kekse, feierten und wunderten sich: Was ist das für ein ungewöhnlicher Mensch, der seine Wohnung, seine Privatsphäre so weit öffnet? An diesen Abenden waren wir eine große Familie und die kleine, schmächtige, Anfang 40 stehende Frau war die Chormutter.

Sieben Jahre später sah ich sie wieder. Bei der ersten Besprechung der Volkskammerkandidaten in der Parteischule der SED am Köllnischen Park. Kurz danach regelmäßig bei den Fraktionssitzungen der SPD im Palast der Republik sowie im ehemaligen Zentralkomittee der

Nicht nur am Kabinettstisch Seite an Seite: Steffen Reiche (rechts), 1997 noch Wissenschaftsminister, informiert sich zusammen mit der Arbeitsministerin beim Kollegen vom Umweltressort, was gegen das Oder-Hochwasser zu tun ist.

SED. Sie arbeitete im Bereich Gesundheit und Soziales, und als wir wenig später bei den Koalitionsverhandlungen dieses Ressort für uns forderten, dachte nicht nur ich, das muss Regine machen, sie kann es am besten. Kurze Zeit danach wussten wir: Das kann nur sie. Aber wir mussten ihr gut zureden. Sie drängte nicht, sondern musste gedrängt werden.

Sie war keine Abenteurerin, denn weil das Amt des Ministers korrumpiert war durch die DDR, wusste sie, was man von einem Menschen in diesem Amt erwarten würde und erwarten konnte.

Sie war eine grandiose Laiensprecherin ohne Vorbereitung auf eine der vielleicht schwierigsten Aufgaben im Vereinigungsprozess. Sie wurde nicht durch dieses Amt geprägt, sondern sie prägte es. Sie wollte wie die allermeisten die deutsche Einheit, sie wollte sie als Erfüllung ihrer Hoffnung. Aber anders als viele andere bedachte sie auch den Preis, der dafür von beiden Seiten, Ost und West, zu bezahlen war.

Sie war nicht bereit, alles als Naturgewalt anzusehen. Sie wollte keinen Dritten Weg, aber sie sah und forderte Alternativen, sie zeigte Alternativen auf, wo viele sich der Naturgewalt des Einigungsprozesses und seinen Folgen ergaben.

In dieser Zeit begann sie zu reisen, um Menschen neue Hoffnung zu geben, um sie aufzurichten, um sie stark zu machen und stolz.

Aus dieser Volkskammerzeit stammt ihr großer erster Klarsichthüllenhefter.
Ich habe das Werden dieses riesigen Almanachs von Zahlen, Fakten, Namen, Diagrammen, Institutionen und Adressen über fünf Jahre als ihr Nachbar am Kabinettstisch verfolgt. Sie lauschte mit den Ohren dem Gespräch im Kabinett, mit allen anderen Sinnen erweiterte sie ihre Sammlung, entwickelte sie fort und brachte sie auf den neusten Stand. Sie wollte mit wissenschaftlicher Genauigkeit und Akribie ihren Zuhörern die Situation auch erklären. Trösten konnte sie, aber sie wollte auch erklären, überzeugen – und in den Debatten mussten fast alle das Feld räumen. Nicht nur, weil ihr Mund durch-

dringend mehr Worte und Gedanken formte als der des Gegenübers, sondern weil sie mehr Detailkenntnisse, die Zahlen im Kopf oder in ihrem Buch hatte und neue sofort eintrug. Sie war eine lebendige Statistik: So, wie sie ihre Laborarbeit mit Herz gemacht hatte, so machte sie jetzt ihre Arbeit als Ministerin – liebevoll, aber mit der Genauigkeit einer Laborantin. Nur reden, schwadronieren, Stimmungen oder Gefühle vermitteln? Nein! Das andere brachte sie ebenso unter – die Fakten, die Zahlen, Beispiele mit Namen und Adresse.

Regine konnte riesige Säle, ganze Plätze in Stimmung bringen, aber sie selber blieb in all ihrer Leidenschaft rational. Drei Beispiele belegen das für meine Erinnerung besonders:

Die CDU unter dem von Kohl protegierten Günter Krause, der den verlässlichen, loyalen Lothar de Maizière immer mehr an den Rand drängte, mutete uns immer Unerträglicheres zu. Es war bitter, miterleben zu müssen, wie ein dreiviertel Jahr nach den friedlichen Veränderungen die dümmliche Arroganz der Macht nur ihre Attribute gewechselt hatte – geschickt und gescheitelt. Fast alle in unserer Fraktion wollten, weil sie aus der Bitterkeit des 18. März gelernt hatten und wussten, dass Parteitaktik manchmal vor Staatsräson kommt, die Koalition verlassen. Gemeinsam mit Richard Schröder kämpften Regine, Alwin Ziel, einige andere und ich für den Verbleib in der Koalition. Wir wollten dem zynischen Abwickler Krause, der sich nur in höchste Positionen aufwickeln wollte, in einer neuen Bundesregierung aus der Regierung heraus Paroli bieten.

Später, für Arbeit und Gesundheit zuständig, hat Regine eine sehr solide, kluge Krankenhausplanung vertreten. Obwohl die Mitarbeiter, die im Gesundheitswesen entlassen werden mussten, weil Krankenhäuser geschlossen und Bettenkapazitäten reduziert werden mussten, in ihrer Arbeitslosenstatistik auftauchten, hat sie sehr konsequent und ökonomisch gedacht. Heute hat Brandenburg die geringste und damit ökonomischste Betten-Einwohner-Relation.

Später führte sie, obwohl leidenschaftliche Kämpferin für Menschen und Bürgerrechte, die Sachleistungen für Asylbewerber ein. Sie stand auf der Barrikade, kämpfte laut und leidenschaftlich gegen Ausländerfeindlichkeit und die offene und latente Ablehnung der Asylbewerber. Aber zugleich führte sie gegen große Proteste und auch wichtige Stimmen die Sachleistungen ein: Sie wollte nicht zulassen, dass Schlepper sich aus den Zahlungen nach dem Asylbewerberleistungsgesetz ihre Provision zahlen lassen konnten.

Regine hat keine Rücksicht genommen, weil sie so voraussichtig war. Sie war nicht festgelegt. Deshalb konnte sie sich festlegen und dafür streiten, was sie für richtig hielt. Man musste sehr genau wissen, dass man Recht hatte, oder gute Gründe haben, sonst einigte man sich lieber mit ihr.

Ich habe, bevor sie wegen der großen Koalition die Regierung verließ, neben ihr im Kabinett gesessen, vor demselben Obstteller. Unserer war immer zuerst alle. Manchmal machte sie mir etwas zurecht, manchmal ich ihr. Ihr Apfelessen war schon damals Aura und Legende. Deshalb überließ ich sie ihr.

Wer sie kannte, merkte, wie ihr zunehmend zwei Dinge zu schaffen machten. Die Krankheit, die Therapien, die sie in ihrer Arbeitskraft kurzzeitig hinderten. Und die Diffamierung durch Krankenhausbetreiber, die Angriffe durch die CDU, die sie wegen unterstellten Fehlern jagte. Sie ging, ohne Recht zu beugen, im Sinne der Menschen mit Haushaltsrecht um. Wenn sie von ihren Fahrten kam, mit einem leeren Apfelkorb und einer Tasche voller Zettel, mit Wünschen, Vorschlägen und Forderungen, wussten ihre Mitarbeiter, was sie wollte: Sagt nicht, warum es nicht geht, sondern statt dessen, wie es geht. Sie hatte mit Detlef Affeld und Olaf Sund zwei wunderbare Staatssekretäre, gewiss zwei der besten, die Brandenburg bislang hatte. Sie setzten um, was sie wollte, weil sie sahen, dass es für das Land und seine Bürger gut war.

Die letzten Jahre überkam sie häufig wie in heiligen Zorneswellen Hitze. Sie zog ihr Jackett aus, zog es wieder an. Ich wusste, wenn sie ihre Arbeit am Almanach, am Tagebuch (wir hatten beide den gleichen Amtskalender und achteten sorgsam darauf, sie nicht zu verwechseln), an den Weihnachtskarten oder Antwortbriefen unterbrach, wollte sie ihr Jackett an- oder ausziehen.

Regine Hildebrandt war ein wunderbares Geschenk für unsere Zeit. Man hätte sie nicht erfinden können oder sich wünschen. So vermessen, so phantasiereich wären wir wohl nicht gewesen. Warum das Geschenk kam, weiß ich nicht – aber woher: aus ihrem Glauben. Sie war so, wie sie war, weil ihr Glauben ihr diese fröhliche Weltsicht erlaubte und sie so ernsthaft und gerecht sein ließ. Sie war ein Geschenk Gottes in unserer Zeit. Leider hat das bei der Trauerfeier in der Nikolaikirche niemand gesagt.

Es hätte sich so gehört. Irgendwann muss man ja auch Danke sagen. Sie war ein Pontifex, ein Brückenbauer zwischen Ost und West, ein Brückenbauer vor allem aber für die Menschen aus der DDR in das vereinigte Deutschland.

Regine – Königin, eine Kämpferin wie der Hildebrandt. Sie hatte also schon den richtigen Namen und bekam neue, treffende hinzu. Mutter Courage, eine Heilige ohne Heiligenschein. Eine moderne Heilige eben. Aber die, die sie nicht gehört haben, so ganz menschlich und ohne heilige Scheu, werden, wenn wir von ihr erzählen, diesen Heiligenschein vielleicht mitdenken. Nicht zu Unrecht.

Bildnachweis

Allle Fotos Rainer Karchniwy, außer S. 19 privat/ Berliner Kurier; S. 21 Thomas Uhlemann/Berliner Kurier; S. 43, 55 Kathrin Finke; S. 51 Dr. Turley; S. 63 Heinz Köhler; S. 87 Friedrich Schorlemmer

Inhaltsverzeichnis

Der gewöhnliche Wahnsinn. Geschichten aus Kindheit und Alltag

MANFRED BOFINGER
Der krumme Löffel
Miniaturen einer Kindheit
Einfühlsam erzählt der Zeichner Manfred Bofinger von seiner Kindheit im Nachkriegs-Berlin, als der Westen schon golden, aber noch nicht gänzlich unerreichbar war, und in den Trümmern allmählich ein neues, lebenswertes Leben entstand. Bofinger versteht es, in unnachahmlicher Weise, unser eigenes kindlich unbeschwertes und doch so prägendes Erleben und Erfahren wieder wachzurufen.
240 Seiten. AtV 1591

JURIJ BRĚZAN
Die grüne Eidechse
»Die Stadt B. ist alt, schön, liebenswert. Vor einem guten Menschenalter wurde sie meine Heimatstadt. Nun feiert sie ihren tausendsten Geburtstag. Dazu mein Gruß mit diesem Buch – für den alten Heimatforscher F., den halb so alten Juwelier M., den gestreßten Stadtbusfahrer, meine junge Enkelin und alle anderen, die gern lesen. Eine Liebesgeschichte. Oder dachten Sie, ich schreibe Krimis?«
Roman. 205 Seiten. AtV 1701

HELGA SCHÜTZ
Grenze zum gestrigen Tag
Eine Mauer aus Aufgaben soll die Ich-Erzählerin schützen vor Fluchtgedanken und Verzagen. Mit aller Kraft übt sie das Augenverschließen: vor den Grenztürmen, den Minen und den Wachhunden am Ende des Gartens, vor den nicht gestellten Fragen an Hugo, den Partner, vor der unaufhaltsamen Krankheit der Tochter. Doch Stück für Stück entgleitet ihr dieses Leben. Helga Schütz gelingt in diesem Roman jene seltene Heiterkeit und Leichtigkeit, durch die sich die schmerzvollen Dinge um so nachhaltiger mitteilen.
»Reife Prosa; kein Glücksfall, sondern Können, Erfahrung.«
NÜRNBERGER NACHRICHTEN
Roman. 303 Seiten. AtV 1839

HELGA KÖNIGSDORF
Der gewöhnliche Wahnsinn
Die besten Geschichten
Diese Auswahl von Geschichten aus 20 Jahren präsentiert die erzählerische Palette Helga Königsdorfs: vom grotesken Szenario bis zum nachdenklichen Märchen, in dem es wie im Leben zugeht. Wer ist schon darauf gefaßt, das Besondere so unauffällig zu finden?
198 Seiten. AtV 1346

»Seine Sprachmacht wird ihm keiner nehmen können« (F.A.Z.): Hermann Kant bei AtV

Hermann Kant wurde 1926 in Hamburg geboren. Nach einer Elektrikerlehre war er Soldat, von 1945 bis 1949 in polnischer Kriegsgefangenschaft Mitbegründer des Antifa-Komitees im Arbeitslager Warschau und Lehrer an der Antifa-Zentralschule. Ab 1949 studierte er an der Arbeiter- und Bauernfakultät in Greifswald, 1952 bis 1956 Germanistik in Berlin. Danach war er wissenschaftlicher Assistent und Redakteur, von 1978 bis 1990 Präsident des DDR-Schriftstellerverbandes.

Ein bißchen Südsee
»Ein bißchen Südsee« war das vielversprechende Debüt, mit dem sich Hermann Kant sofort als origineller Autor einprägte. Wer den wortgewandten, ausschweifenden Romancier Kant schätzt, wird ihn in diesen Geschichten als pointierten Erzähler entdecken.
»Kant ist ein exakter Beobachter und ein vorzüglicher Spaßmacher.«
MARCEL REICH-RANICKI
Erzählungen. 192 Seiten. AtV 1191

Der Aufenthalt
»Der Aufenthalt« ist eine Passionsgeschichte mit Humor und ein Schelmenroman mit tragischen Zügen ... Wir haben Hermann Kant ein aufschlußreiches, ein witziges Buch zu verdanken.« MARCEL REICH-RANICKI, F.A.Z
Roman. 567 Seiten. AtV 1037

Die Aula
Diesen Roman über einen jungen Mann, der eine Abschiedsrede halten soll und darüber ins Erinnern gerät, haben Leser und Kritiker sofort nach Erscheinen als großen Spaß gefeiert. Ein »Geschichts- und Geschichtenbuch« über die Anfänge der DDR, ohne die man ihr Ende nicht verstehen kann.
Roman. 464 Seiten. AtV 1190

Kormoran
Nach seinem streitbaren wie umstrittenen Erinnerungsbuch »Abspann« hat Hermann Kant mit diesem Buch den aktuellen Nachwende-Roman geschrieben, der von ihm erwartet wurde, amüsant, bissig, zeitkritisch und selbstironisch, einen Roman »von allerlei Leben und allerlei Sterben«.
Roman. 270 Seiten. AtV 1192